O CAIBALION

OS TRÊS INICIADOS

O CAIBALION

AS SETE LEIS UNIVERSAIS PARA DESPERTAR SUA CONSCIÊNCIA

EDIÇÃO ILUSTRADA

Tradução
Janaína Marcoantonio

academia

Título original: *El Kybalión*

Preparação: Fernanda Guerriero Antunes
Revisão: Marianna Muzzi e Mariana Gomes
Diagramação: Futura
Capa: Isabella Teixeira
Ilustrações de capa e miolo: Jessica Pastor Prado

DADOS INTERNACIONAIS DE CATALOGAÇÃO NA PUBLICAÇÃO (CIP)
ANGÉLICA ILACQUA CRB-8/7057

Três Iniciados, 1862-1932
O Caibalion / Os Três Iniciados ; tradução de Janaína Marcoantonio. -
São Paulo : Planeta do Brasil, 2025
160 p.

ISBN 978-85-422-3749-8
Título original: El Kybalión

1. Hermetismo 2. Ocultismo 3. Filosofia I. Título II. Marcoantonio, Janaína

25-3000 CDD 135.4

Índice para catálogo sistemático:
1. Hermetismo

MISTO
Papel | Apoiando o manejo florestal responsável
FSC® C019498

Ao escolher este livro, você está apoiando o manejo responsável de florestas do mundo

2025
Todos os direitos desta edição reservados à
Editora Planeta do Brasil Ltda.
Rua Bela Cintra, 986 – 4º andar – Consolação
01415-002 – São Paulo-SP
www.planetadelivros.com.br
faleconosco@editoraplaneta.com.br

Acreditamos nos livros

Este livro foi composto em Crimson Text e impresso pela Geográfica para a Editora Planeta do Brasil em julho de 2025.

SUMÁRIO

INTRODUÇÃO 7

CAPÍTULO I
A FILOSOFIA HERMÉTICA 15

CAPÍTULO II
OS SETE PRINCÍPIOS HERMÉTICOS 23

CAPÍTULO III
TRANSMUTAÇÃO MENTAL 35

CAPÍTULO IV
O TODO 43

CAPÍTULO V
O UNIVERSO MENTAL 51

CAPÍTULO VI
O PARADOXO DIVINO 61

CAPÍTULO VII
O TODO EM TUDO 73

CAPÍTULO VIII

OS PLANOS DE CORRESPONDÊNCIA..................... 83

CAPÍTULO IX

VIBRAÇÃO.................................. 97

CAPÍTULO X

POLARIDADE 105

CAPÍTULO XI

RITMO 113

CAPÍTULO XII

CAUSAÇÃO.................................. 123

CAPÍTULO XIII

GERAÇÃO................................... 133

CAPÍTULO XIV

GÊNERO MENTAL............................. 141

CAPÍTULO XV

AXIOMAS HERMÉTICOS........................ 153

INTRODUÇÃO

É um grande prazer apresentar aos estudantes e pesquisadores das Doutrinas Secretas estas páginas, que tiveram como base os antiquíssimos ensinamentos herméticos. Apesar das incontáveis referências que se fizeram a esses ensinamentos em vários textos que versam sobre o ocultismo, muito pouco se escreveu a respeito do assunto. Sem dúvida, investigadores das verdades arcanas terão pressentido a aparição deste livro.

O propósito desta obra não é enunciar uma filosofia ou doutrina especial, mas proporcionar ao leitor uma exegese da verdade que lhe sirva para conciliar os diversos tópicos dos conhecimentos ocultos que talvez já tenha adquirido, mas que, aparentemente, são contraditórios ou paradoxais – o que, muitas vezes, desanima e desagrada o principiante. Nossa intenção não é erguer um novo templo de sabedoria, e sim colocar em suas mãos uma chave mestra com a qual possa abrir as muitas portas internas que conduzem ao Templo do Mistério.

Nenhum conhecimento oculto foi guardado com tanto cuidado quanto os fragmentos dos ensinamentos herméticos, os quais chegaram até nós ao longo dos séculos, desde os tempos do Grande Fundador,

Hermes Trismegisto, "o escolhido dos deuses", que morreu no antigo Egito, quando a raça humana atual ainda estava em sua infância. Contemporâneo de Abraão e, diz a lenda, instrutor desse venerável sábio, Hermes foi e continua sendo o Grande Sol Central do Ocultismo, cujos raios iluminam todos os conhecimentos que vêm sendo propagados desde então. As bases fundamentais dos ensinamentos esotéricos que, em qualquer época, foram transmitidos aos humanos são, em essência, originárias daquelas formuladas por Hermes. Mesmo as doutrinas mais antigas da Índia têm sua fonte nos ensinamentos herméticos.

Da terra do Ganges, muitos ocultistas experientes partiram rumo ao Egito para colocarem-se aos pés do Mestre, de quem receberam a aula magna, a qual, ao mesmo tempo que explicava, reconciliava seus diferentes pontos de vista. Assim, a Doutrina Secreta se estabeleceu firmemente. De todas as partes do mundo, vieram discípulos e neófitos que consideravam Hermes o Mestre dos Mestres, cuja influência foi tão grande que pode ser facilmente identificada nos ensinamentos das centenas de instrutores presentes nos mais diversos países, ainda que estes não o admitam. O estudante de religiões comparadas é capaz de perceber com clareza a grande influência que os ensinamentos herméticos exerceram em todas as religiões, tanto nas mortas quanto naquelas existentes em nossos dias, seja qual for o nome pelo qual são conhecidas. A analogia salta aos olhos, apesar dos pontos aparentemente contraditórios que os ensinamentos herméticos conseguem conciliar.

A obra de Hermes parece ter se voltado mais para semear a grande verdade – semente que germinou e se desenvolveu de tantas e tão estranhas formas – do que para fundar uma escola de filosofia que dominasse o pensamento do mundo. No entanto, a verdade original ensinada por esse Mestre se manteve intacta em sua pureza primitiva graças a um número reduzido de indivíduos de cada época que, recusando uma vasta quantidade de aficionados e estudantes medianos, seguiu o costume hermético e reservou seu conhecimento para os poucos aptos a compreendê-lo e dominá-lo. Tal conhecimento foi sendo transmitido de boca a boca entre esses poucos. Sempre existiram, em cada geração e nas várias nações, alguns iniciados que mantiveram viva a chama sagrada dos ensinamentos herméticos e que desejaram usar sua flama para acender as tochas menores do mundo profano, se a luz da verdade languidescia e nublava por sua negligência ou quando seu pavio se sujava com matérias estranhas. Continuamente, poucos foram os que cuidaram do altar da verdade, sobre o qual mantiveram ardendo a chama perpétua da Sabedoria. Foram pessoas que dedicaram a vida a esse trabalho de amor que o poeta descreveu nestas linhas:

"O let not the flame die out! Cherished age after age in its dark cavern —in its holy temples cherished. Fed by pure ministers of love— let not the flame die out!"[1]

Esses homens nunca buscaram obter a aprovação popular nem monopolizar uma legião de prosélitos. São indiferentes a essas coisas, pois sabem que, em cada geração, não há muitos com habilidade de receber a verdade, ou de reconhecê-la se esta lhes for apresentada. Eles "reservam a carne para os homens", ao passo que os demais "dão leite às crianças". Conservam suas pérolas de sabedoria para os poucos escolhidos capazes de apreciar seu valor e de levá-las em sua coroa, em vez de jogá-las aos porcos, que as sujariam e pisoteariam no lamaçal de seu chiqueiro. Esses indivíduos, porém, ainda não esqueceram

1 Oh, não deixeis a chama se extinguir! Mantida, era após era, em sua caverna escura – em seus templos sagrados, mantida. Nutrida por puros sacerdotes do amor – não deixeis a chama se extinguir! (N.T.)

os preceitos de Hermes acerca da transmissão de tais ensinamentos aos que estão preparados para recebê-los. A esse respeito, afirma *O Caibalion*: "Onde quer que estejam os passos do Mestre, ali os ouvidos daquele que está pronto para receber seus ensinamentos se abrem completamente". E também: "Quando o ouvido é capaz de ouvir, então vêm os lábios que hão de enchê-lo com sabedoria". No entanto, sua atitude habitual sempre esteve estritamente de acordo com outro aforisma, igualmente de *O Caibalion*, que diz: "Os lábios da Sabedoria permanecem fechados, exceto para os ouvidos capazes de compreender".

Os ouvidos não dotados de competência para o entendimento foram os que criticaram essa atitude dos hermetistas e lamentaram publicamente nunca terem expressado de forma clara o verdadeiro espírito de seus ensinamentos, sem reservas ou reticências. Um olhar retrospectivo nas páginas da história, porém, demonstrará a sabedoria dos Mestres, que conheciam a loucura que era tentar ensinar ao mundo o que este não desejava receber e para o que não estava preparado. Os hermetistas nunca almejaram ser mártires – pelo contrário, eles se mantiveram reservados, silenciosos e sorridentes diante dos esforços de alguns que se imaginavam, em seu ardente entusiasmo, capazes de forçar uma raça de bárbaros a admitir verdades que só podem compreender os que avançaram muito no Caminho.

O espírito de perseguição ainda não desapareceu da Terra. Há certos ensinamentos herméticos que, se fossem divulgados, atrairiam para seus divulgadores grande ódio e o desprezo das multidões, as quais voltariam a gritar: "Crucificai-os!... Crucificai-os!".

Nesta obra, tratamos de dar ao leitor uma ideia dos ensinamentos fundamentais de *O Caibalion*, indicando tudo que se refere aos princípios atuantes, sem, no entanto, abordá-los em detalhe; cabe a você o trabalho de examiná-los. Se for um verdadeiro estudante ou discípulo, os *compreenderá* e *poderá* aplicá-los; caso contrário, deverá se desenvolver, já que os ensinamentos herméticos não serão, aos seus ouvidos, nada além de "palavras, palavras, palavras".

OS TRÊS INICIADOS

CAPÍTULO I

A FILOSOFIA HERMÉTICA

"Os lábios da Sabedoria permanecem fechados,
exceto para os ouvidos capazes de compreender."
O CAIBALION

Do antigo Egito vieram os ensinamentos fundamentais e secretos que influenciaram profundamente os sistemas filosóficos de todos os povos e raças durante séculos. A pátria das pirâmides e da Esfinge foi o berço da Sabedoria Secreta e das doutrinas místicas. Todas as nações receberam dela seus ensinamentos esotéricos. Índia, Pérsia, Caldeia, Média, China, Japão, Assíria, as antigas Grécia e Roma e outros países não menos importantes se aproveitaram livremente das doutrinas formuladas pelos hierofantes e mestres da terra de Ísis, conhecimentos transmitidos apenas aos que estavam preparados para participar do oculto.

Também do antigo Egito vieram os grandes adeptos e mestres que ninguém jamais ultrapassou, raras vezes igualados nos séculos que se passaram desde os tempos do Grande Hermes. Aquele território foi a residência da Grande Loja das Fraternidades Místicas. Pelas portas de seu templo, entraram todos os neófitos que, mais tarde convertidos em Adeptos, Hierofantes e Mestres, se espalharam por todas as partes, levando consigo o precioso conhecimento de que dispunham e desejando compartilhá-lo com quem estivesse preparado para recebê-lo. Nenhum estudante de ocultismo pode deixar de reconhecer a grande dívida que tem para com aqueles veneráveis Mestres do Egito.

No entanto, um entre esses grandes adeptos foi proclamado "Mestre dos Mestres". Esse homem – se é que se pode chamar de "homem" um ser como ele – nasceu e viveu no Egito na mais remota Antiguidade e foi conhecido pelo nome de Hermes Trismegisto. Pai da sabedoria, fundou a astrologia e descobriu a alquimia. Os detalhes de sua vida se perderam em virtude do imenso intervalo de tempo transcorrido desde então. A data de seu nascimento, em sua última encarnação neste planeta, é desconhecida em nossos dias, mas afirma-se que ele foi contemporâneo das mais antigas dinastias do Egito, bem antes de Moisés. As autoridades no assunto acreditam que ele foi contemporâneo de Abraão, e, em algumas das tradições judaicas, chega-se a afirmar que este obteve grande parte dos conhecimentos que possuía do próprio Hermes.

Muito depois de sua morte (diz a tradição que ele viveu trezentos anos), os egípcios fizeram dele um de seus deuses, sob o nome de Tot. Anos mais tarde, os gregos também o transformaram em um de seus deuses e o chamaram de "Hermes, o Deus da sabedoria". Tanto os gregos como os egípcios reverenciaram sua memória durante séculos inteiros, denominando-o "inspirado dos deuses", e acrescentando-lhe seu antigo nome, "Trismegisto", que significa "três vezes grande". Essas civilizações antigas o adoraram, e ele era sinônimo de "fonte de sabedoria".

Ainda hoje usamos o termo *hermético* no sentido de "secreto", "reservado", e isso se deve ao fato de que os hermetistas sempre mantiveram rigorosamente o segredo de seus ensinamentos. Embora, naquela época, não se conhecesse o preceito de "não jogar pérolas aos porcos", eles seguiram sua norma de conduta especial que lhes indicava "dar leite às crianças e carne aos homens". Estas são máximas familiares a todos os leitores das escrituras bíblicas, mas que já haviam sido usadas muitos séculos antes da era cristã.

Tal política de disseminar cuidadosamente a verdade sempre caracterizou os hermetistas, até em nossos dias. Os ensinamentos herméticos estão presentes em todas as nações e religiões, mas nunca foram relacionados a um país em particular nem a uma seita religiosa específica. Isso se deve à prédica que os antigos instrutores fizeram para evitar que a Doutrina Secreta se cristalizasse em um credo. A sabedoria dessa medida salta aos olhos de todos os estudantes de história. O antigo ocultismo da Índia e da Pérsia se degenerou, e seus conhecimentos se perderam porque os instrutores se tornaram sacerdotes e misturaram a teologia com a filosofia, tendo como consequência imediata a perda de sua sabedoria, que acabou por se transformar em uma quantidade imensa de superstições religiosas, cultos, credos e deuses. O mesmo ocorreu com as doutrinas herméticas dos gnósticos cristãos, as quais se perderam na época de Constantino, que maculou a filosofia misturando-a com teologia. A Igreja cristã, portanto, ficou sem sua verdadeira essência e seu espírito, vendo-se obrigada a andar às cegas durante vários séculos, sem que até agora tenha encontrado seu caminho. Hoje, observa-se que a Igreja cristã está lutando mais uma vez para aproximar-se de seus antigos ensinamentos místicos.

No entanto, sempre existiram algumas almas que conservaram viva a chama, alimentando-a com cuidado e não permitindo que sua luz se apagasse. E, graças a esses firmes corações e essas mentes extraordinárias, ainda temos a verdade conosco. Esta, porém, não está nos livros. Foi transmitida do Mestre ao discípulo, do iniciado ao neófito, dos lábios aos ouvidos. Se alguma vez algo foi escrito sobre ela, seu significado foi cuidadosamente velado com termos de astrologia e química, de tal maneira que apenas os que detinham a chave podiam lê-lo corretamente. Isso se fez necessário a fim de evitar as perseguições dos teólogos da Idade Média, que lutavam contra a Doutrina Secreta com o fogo e a espada. Ainda hoje, é possível encontrar alguns livros valiosos de Filosofia Hermética, mas a maior parte deles se perdeu. No entanto, a Filosofia Hermética é a única chave mestra que pode abrir as portas a todos os ensinamentos ocultos.

Nos primeiros tempos, existia uma compilação de certas doutrinas herméticas que eram as bases fundamentais de toda a Doutrina Secreta e que haviam sido, até então, transmitidas do instrutor ao estudante. Essa coletânea de escritos ficou conhecida sob o nome de *O Caibalion*, cujo significado exato se perdeu ao longo dos séculos. No entanto, alguns, a quem tais máximas foram reveladas, as compreendem e sabem de sua existência. Seus preceitos nunca tinham sido registrados até agora. São, simplesmente, uma série de máximas e axiomas que logo eram explicados e ampliados pelos Iniciados, cujos ensinamentos constituem de fato os princípios básicos da "alquimia hermética". Esta, ao contrário do que se crê, tem como base o domínio das forças mentais, mais do que o controle dos elementos materiais, a transmutação de uma classe de vibrações mentais em outras, além da transformação de um tipo de metal em outro. A lenda sobre a pedra filosofal, que transformava metais em ouro, era uma alegoria relacionada à Filosofia Hermética e compreendida pelos discípulos do verdadeiro hermetismo.

Nesta obra, convidamos o leitor a examinar os ensinamentos herméticos (assim como foram expostos em *O Caibalion*), explicados e ampliados por nós, humildes estudantes – que, embora levemos o título de Iniciados, somos, no entanto, meros discípulos aos pés de Hermes, o Mestre. Transcrevemos aqui muitas das máximas e dos preceitos de *O Caibalion*, acompanhados de explicações e comentários que – acreditamos – ajudarão a tornar esses ensinamentos mais compreensíveis aos homens modernos, sobretudo, tendo em conta que o texto original foi intencionalmente ocultado com termos obscuros e desconcertantes.

As máximas, os axiomas e os preceitos originais de *O Caibalion* aparecem destacados de forma clara. Esperamos que o leitor desta obra tire tanto proveito do estudo de suas páginas como o fizeram outros que passaram antes pelo mesmo caminho, o qual conduz o adepto desde os tempos de Hermes Trismegisto, o Mestre dos Mestres, o Três Vezes Grande, até hoje.

Diz *O Caibalion*:

Onde quer que estejam os passos do Mestre,
ali os ouvidos daquele que está pronto para receber seus ensinamentos se abrem completamente.
Quando o ouvido é capaz de ouvir,
então vêm os lábios que hão de enchê-lo com sabedoria.

Conforme indicado, este livro só atrairá a atenção daqueles que estão preparados para recebê-lo. E, reciprocamente, quando o estudante estiver pronto para receber a verdade, estas páginas chegarão a ele. O Princípio Hermético de Causa e Efeito, em seu aspecto de “lei de atração”, conduzirá os ouvidos aos lábios e o livro ao discípulo.

CAPÍTULO II

OS SETE PRINCÍPIOS HERMÉTICOS

"Os princípios da verdade são sete; aquele que compreende isso perfeitamente possui a chave mágica diante da qual todas as portas do Templo se abrirão por completo."

O CAIBALION

Os sete princípios nos quais se baseia a Filosofia Hermética são os seguintes:

1. O Princípio do Mentalismo;
2. O Princípio de Correspondência;
3. O Princípio de Vibração;
4. O Princípio de Polaridade;
5. O Princípio do Ritmo;
6. O Princípio de Causa e Efeito;
7. O Princípio de Geração.

1. O PRINCÍPIO DO MENTALISMO

"O TODO é Mente; o Universo é mental."
O CAIBALION

Este princípio encerra a verdade de que "tudo é mente" e explica que o TODO (a realidade substancial oculta por trás de todas as manifestações e aparências que conhecemos sob os nomes de "universo material", "fenômenos da vida", "matéria", "energia" etc., e, em uma palavra, tudo que é sensível a nossos sentidos materiais) é espírito. Este, em si mesmo, é incognoscível e indefinível, mas pode ser considerado uma mente viva, infinita e universal. Além disso, este princípio torna claro que todo o mundo fenomênico ou Universo é uma criação mental do TODO, em cuja mente vivemos, movemo-nos e temos nosso ser.

Ao estabelecer a natureza mental do Universo, o Princípio do Mentalismo expõe os vários fenômenos mentais e psíquicos que tanto despertam a atenção pública e que, sem tal explicação, não são compreensíveis e desafiam todas as hipóteses científicas. A compreensão do Princípio do Mentalismo habilita o indivíduo a realizar e conhecer a lei que rege o universo mental, aplicando-a ao seu bem-estar e desenvolvimento. O estudante da Filosofia Hermética pode empregar conscientemente as grandes leis mentais, em vez de utilizá-las por casualidade ou ser usado por elas. Sendo detentor da chave mestra, o discípulo pode abrir as portas do Templo do conhecimento mental e psíquico e nele entrar com liberdade e inteligência.

Este princípio explana a verdadeira natureza da energia, da força e da matéria, e como e por que todas estão subordinadas ao domínio da mente. Um dos antigos mestres escreveu, muito tempo atrás: "Aquele que compreender a verdade de que o Universo é mental estará muito avançado no caminho do adepto". Tais palavras são tão verdadeiras hoje quanto o eram quando foram escritas. Sem essa chave mestra, a maestria é impossível, e o estudante que não a possuir chamará em vão à porta do Templo.

2. O Princípio de Correspondência

"Como em cima é embaixo; como embaixo é em cima."
O CAIBALION

Este princípio encerra a verdade de que sempre existe certa correspondência entre as leis e os fenômenos dos vários estados do ser e da vida. O antiquíssimo axioma hermético se refere precisamente a isso, afirmando: "Como em cima é embaixo; como embaixo é em cima". A compreensão do Princípio de Correspondência oferece a chave para resolver muitos dos mais obscuros problemas e paradoxos dos misteriosos segredos da Natureza. Há muitos planos que desconhecemos, mas, quando lhes aplicamos esta lei de correspondência, aquilo que de outra maneira nos seria incompreensível se torna claro à nossa consciência.

O Princípio de Correspondência tem aplicação universal nos diversos planos do Cosmos – mental, material ou espiritual. É uma lei universal. Os antigos hermetistas consideravam esse princípio um dos mais importantes auxiliares da mente, por meio do qual se podem remover os obstáculos que nos ocultam da vista o desconhecido. Sua aplicação pode rasgar um pouco o Véu de Ísis, de tal maneira que nos permita ver, em parte, as feições da deusa. Assim como deter os princípios da geometria habilita o homem para medir o diâmetro, a órbita e o movimento das estrelas mais distantes enquanto permanece sentado em seu observatório, o conhecimento do Princípio de Correspondência permite-lhe raciocinar inteligentemente do conhecido ao desconhecido. Ao estudar a mônada,[2] chega-se ao entendimento do arcanjo.

3. O Princípio de Vibração

"Nada está imóvel, tudo se move; tudo vibra."

O Caibalion

Este princípio encerra a verdade de que tudo está em movimento, de que nada permanece imóvel; ambas as coisas são confirmadas pela ciência, e cada nova descoberta as verifica e comprova. Apesar de tudo, este princípio hermético foi enunciado centenas de anos antes pelos Mestres do antigo Egito e explica as diferenças entre as diversas manifestações da matéria, da força, da mente e do próprio espírito, que são o resultado dos vários estados vibratórios. Desde o TODO, que é puro espírito, até a mais grosseira forma de matéria, tudo está em vibração – e, quanto mais intensa, mais elevada é sua posição na escala. A vibração do espírito é de uma intensidade infinita, tanto que praticamente pode ser considerada como se estivesse em repouso, assim como uma roda que gira rápido parece estar parada.

2 "No leibnizianismo, átomo inextenso com atividade espiritual, componente básico de toda e qualquer realidade física ou anímica, e que apresenta as características de imaterialidade, indivisibilidade e eternidade." (DICIONÁRIO Houaiss da Língua Portuguesa. Rio de Janeiro: Objetiva, 2021. Disponível em: https://houaiss.uol.com.br/corporativo/apps/uol_www/v6-1/html/index.php#271. Acesso em: 25 maio 2023.)

No outro extremo da escala, há formas de matéria densíssima, cuja vibração é tão débil que elas também parecem estar em repouso. Entre ambos os polos existem milhões de milhões de graus de intensidade vibratória. Desde o corpúsculo e o elétron, desde o átomo e a molécula até o astro e os universos, tudo está em vibração. E isso é igualmente certo no que concerne aos estados ou planos de energia ou força (que nada mais são que determinado estado vibratório), e aos planos mentais e espirituais.

Uma perfeita compreensão deste princípio habilita o estudante hermético a controlar as próprias vibrações mentais, assim como as dos demais. Os Mestres também empregam este princípio para conquistar os fenômenos naturais. "Aquele que compreende o Princípio de Vibração alcançou o cetro do poder", observou um dos mais antigos escritores.

4. O Princípio de Polaridade

"Tudo é dual; tudo tem dois polos; tudo tem seu par de opostos; os semelhantes e os antagônicos são a mesma coisa; os opostos são idênticos em natureza, mas diferentes em grau; os extremos se tocam; todas as verdades são meias-verdades; todos os paradoxos podem reconciliar-se."

O CAIBALION

Este princípio encerra a verdade de que tudo é dual; tudo tem dois polos, seu par de opostos – afirmações de outros tantos axiomas herméticos. O Princípio de Polaridade explica e elucida os antigos paradoxos que deixaram perplexos muitíssimos pesquisadores e que diziam: "A tese e a antítese são idênticas em natureza, diferindo apenas em grau"; "Os opostos são idênticos na realidade, diferenciando-se em sua gradação"; "Os pares de opostos podem conciliar-se, os extremos se tocam"; "Tudo é e não é ao mesmo tempo"; "Todas as verdades são apenas meias-verdades"; "Toda verdade é meio falsa" etc.

Este princípio torna claro que em cada coisa há dois polos, dois aspectos, e que os "opostos" são, na realidade, os dois extremos da mesma coisa, consistindo a diferença simplesmente na variação de graus entre ambos. O calor e o frio, embora opostos, são a mesma coisa; a diferença consiste na variação de graus. Observe um termômetro e trate de verificar onde começa o calor e onde termina o frio. Não há nada que seja calor absoluto; os termos *frio* e *calor* indicam uma variação de graus da mesma coisa, e essa "mesma coisa", que se manifesta como "frio" e "calor", é meramente uma forma, variedade ou intensidade de vibração. "Frio" e "calor", portanto, são os dois polos daquilo que chamamos de calor – e os fenômenos observados são manifestações do Princípio de Polaridade.

O mesmo princípio se manifesta na "luz" e na "escuridão", que, em síntese, são a mesma coisa, sendo a diferença ocasionada pela diversidade de graus entre os dois polos do fenômeno. Onde termina a escuridão e onde começa a luz? Qual é a diferença entre grande e pequeno? Entre duro e mole? Entre branco e preto? Entre alto e baixo? Entre positivo e negativo? O Princípio de Polaridade explica esse paradoxo.

O mesmo princípio opera de maneira idêntica no plano mental. Tomemos, por exemplo, o amor e o ódio, dois estados mentais distintos à primeira vista, e notaremos que há tantos graus entre ambos que as palavras usadas para designá-los – "agradável" e "desagradável" – esfumam-se umas nas outras, até o ponto em que muitas vezes somos incapazes de afirmar se algo nos causa prazer ou desgosto. Todos são gradações de uma mesma coisa, como o leitor compreenderá claramente, por menos que reflita a esse respeito. E, mais do que isso, é possível mudar ou transmutar as vibrações de ódio em vibrações de amor na própria mente e na dos demais – o que, para os hermetistas, é o mais importante.

Muitos dos que leem estas páginas possivelmente já tiveram contato com a experiência da rápida e involuntária transição do amor ao ódio e vice-versa – seja em si mesmos, seja em outras pessoas. E agora compreendem a possibilidade de fazer isso por meio do poder da vontade, de acordo com as fórmulas herméticas. O "Bem" e o "Mal" não são senão os polos de uma mesma e única coisa, e o hermetista compreende e conhece perfeitamente a arte de transmutar o mal em bem aplicando de modo inteligente o Princípio de Polaridade.

Em suma, a "arte de polarizar" se converte em uma fase da alquimia mental, conhecida e praticada pelos antigos e modernos Mestres herméticos. A perfeita compreensão deste princípio capacita o indivíduo a mudar a própria polaridade, assim como a dos demais, se ele dedica tempo e estuda o necessário para dominar esta arte.

5. O Princípio do Ritmo

"Tudo flui e reflui; tudo tem seus avanços e retrocessos,
tudo ascende e descende; tudo se move como um pêndulo;
a medida de seu movimento para a direita é a mesma que a de seu
movimento para a esquerda; o ritmo é a compensação."

O CAIBALION

Este princípio encerra a verdade de que tudo se manifesta em determinado movimento de ida e volta; um fluxo e refluxo, uma oscilação de pêndulo entre os dois polos, que existem de acordo com o Princípio de Polaridade, já descrito aqui. Há sempre uma ação e uma reação, um avanço e um retrocesso, um ascenso e um descenso. Esta lei rege tudo – sóis, mundos, animais, mente, energia, matéria – e se manifesta na criação e na destruição dos mundos, tanto no progresso quanto na decadência das nações, na vida, em todas as coisas e, por fim, nos estados mentais do homem. E é com referência a este último aspecto que, segundo creem os hermetistas, este princípio é o mais importante.

Os hermetistas descobriram o Princípio do Ritmo, encontrando-o como de aplicação universal, e descobriram como evitar seus efeitos fazendo uso de fórmulas e métodos apropriados. Empregam, para isso, a lei mental de neutralização. Não podem anular o princípio nem impedir que opere, mas aprenderam a eludir seus efeitos até certo ponto, dependendo do domínio que se tenha dele. Sabem como usá-lo em vez de serem usados por ele. Neste e em outros métodos parecidos, consiste a ciência hermética. O Mestre polariza a si mesmo no ponto em que deseja permanecer e, então, neutraliza a oscilação rítmica pendular que tenderia a arrastá-lo para o outro polo. Todos os que adquiriram certo grau de domínio sobre si mesmos executam isso em certa medida – consciente ou inconscientemente –, mas o Mestre o efetua de maneira consciente; e, apenas com o poder de sua vontade, alcança um grau de estabilidade e firmeza mental que é quase impossível de se conceber por essa imensa multidão que vai e vem num contínuo movimento oscilatório, impulsada por esse ritmo.

Este princípio, assim como o de polaridade, foi cuidadosamente estudado pelos hermetistas, e os métodos de contrabalançá-lo, neutralizá-lo e empregá-lo constituem uma das partes mais importantes da alquimia mental hermética.

6. O Princípio de Causa e Efeito

"Toda causa tem seu efeito; todo efeito tem sua causa; tudo ocorre de acordo com a Lei. O acaso é apenas o nome que se dá a uma lei desconhecida; há muitos planos de causalidade, mas nenhum deles escapa à Lei."

O CAIBALION

Este princípio encerra a verdade de que todo efeito tem sua causa, e toda causa, seu efeito. Afirma que nada ocorre casualmente e que tudo sucede conforme a Lei. "Acaso" é uma palavra vã, e, embora existam muitos planos de causas e efeitos, os superiores dominando os inferiores, ainda assim, nenhum escapa à Lei.

Os hermetistas conhecem a arte e os métodos para ascender além do plano ordinário de causas e efeitos até certo grau; e, alcançando mentalmente o plano superior, tornam-se causa em vez de efeito. As multidões se deixam levar, arrastadas pelo ambiente que as envolve ou pelos desejos e as vontades dos demais, se estes são superiores a elas. A herança, as sugestões e outras múltiplas causas externas as empurram como autômatos no grande palco da vida. No entanto, os Mestres, tendo alcançado o plano superior, dominam seus estados de ânimo, seu caráter, suas qualidades e seus poderes, assim como o ambiente que os rodeia, tornando-se dirigentes, em vez de dirigidos. Ajudam as massas e os indivíduos a jogar o jogo da vida, em lugar de serem eles as peças movidas por vontades alheias. Utilizam o princípio, ao contrário de serem seus instrumentos. Os Mestres obedecem à causação dos planos superiores em que se encontram, mas colaboram para regular e reger o próprio plano. No que foi dito está condensado um valiosíssimo conhecimento hermético: nosso desejo é que o descubra quem for capaz de ler nas entrelinhas.

7. O Princípio de Geração

"A geração existe em toda parte; tudo tem seus princípios masculino e feminino; a geração se manifesta em todos os planos."

O CAIBALION

Este princípio encerra a verdade de que a geração se manifesta em tudo e que os princípios masculino e feminino sempre estão em ação. Isso é verdade não só no plano físico, mas também no mental e no espiritual. No mundo físico, manifesta-se como "sexo" e, nos planos superiores, toma formas mais elevadas, porém o princípio é sempre o mesmo. Nenhuma criação física, mental ou espiritual é possível sem ele. A compreensão de suas leis ilumina muitos dos problemas que tanto confundiram a mente dos homens. O Princípio de Gênero, como também é chamado, opera sempre no sentido de "gerar", "regenerar" e "criar". Cada ser contém os dois elementos deste princípio. Todo ser masculino tem também o elemento feminino; e todo ser feminino tem também o elemento masculino.

Se o leitor deseja conhecer a filosofia de criação, geração e regeneração mental e espiritual, deve estudar este princípio hermético, pois ele abrange a solução de muitos dos mistérios da vida. Advertimos que este princípio nada tem a ver com as perniciosas e degradantes teorias, os ensinamentos e as práticas que são anunciados com títulos chamativos e que não passam de uma prostituição do grande princípio natural de geração. Tais teorias e práticas nada mais são do que a ressureição das antigas doutrinas fálicas, que só podem produzir a ruína da mente, da alma e do corpo, e a Filosofia Hermética sempre alçou sua voz de protesto contra essas licenças e perversões dos princípios naturais. Se o que o leitor almeja são tais ensinamentos, deve buscá-los em outra parte; o hermetismo nada contém sobre eles. Para o puro, todas as coisas são puras; para o ruim, todas são ruins.

CAPÍTULO III

TRANSMUTAÇÃO MENTAL

"A mente, assim como todos os metais e demais elementos, pode ser transmutada, de estado em estado, de grau em grau, de condição em condição, de polo em polo, de vibração em vibração. A verdadeira transmutação hermética é uma arte mental."

O CAIBALION

Como indicamos anteriormente, os hermetistas foram os primeiros alquimistas, astrólogos e psicólogos, tendo sido Hermes o fundador dessas escolas de pensamento. Da astrologia derivou a astronomia moderna; da alquimia surgiu a química; da psicologia mística, a psicologia moderna. No entanto, não se deve supor que os antigos ignoraram o que as escolas modernas creem ser de sua propriedade exclusiva. As inscrições gravadas em pedras e monumentos do Egito provam que eles detinham o mais perfeito conhecimento acerca da astronomia, e a própria construção das pirâmides revela uma relação entre seu projeto e o estudo da ciência astronômica. Tampouco se deve supor que ignoravam a química, pois os fragmentos das escrituras de outrora revelam que estavam muito familiarizados com as propriedades químicas das matérias; de fato, as teorias desses antepassados a respeito da física foram posteriormente verificadas e confirmadas pelas últimas descobertas da ciência moderna, sobretudo no que se refere à constituição da matéria. Longe de ignorar as chamadas descobertas modernas na psicologia, os egípcios eram especialistas nessa área – em especial, em certos ramos que as escolas modernas ignoram completamente , e especialmente na "ciência psíquica", que tanto tem confundido os psicólogos de hoje e os feito finalmente confessar que "afinal, é possível que haja algo de certo nisso".

Além da química, da astronomia e da psicologia – isto é, a psicologia em seu aspecto de "função cerebral" –, os antigos tinham conhecimento de astronomia transcendental (chamada astrologia), de química transcendental (denominada alquimia) e de psicologia transcendental (a psicologia mística). E ele não era apenas interno, mas também externo – este último conhecimento, o único sobre o qual os cientistas modernos sabem. Entre os muitos tópicos secretos dos hermetistas, encontra-se a "transmutação mental", da qual vamos tratar neste capítulo.

Transmutação é o termo que costuma ser utilizado para designar a antiga arte de transmutar os metais – especialmente os de pouco valor – em ouro. A palavra *transmutar* quer dizer "mudar de natureza, de substância e de forma, convertendo-se em outra; transformar-se".[3] De acordo com essa definição, "transmutação mental" significa a arte de mudar e transformar estados, qualidades, formas, condições mentais em outros. Assim, pode-se ver que a transmutação mental é "a arte da química mental", caso se prefira o termo – uma forma especial, prática, de psicologia mística.

Isso, porém, tem uma definição bem maior do que parece à simples vista. Transmutação alquímica no plano mental é certamente muito

3 "Tornar(-se) diferente; fazer passar ou passar de um estado ou condição a outro; alterar(-se), transformar(-se)." (DICIONÁRIO Houaiss da Língua Portuguesa. Rio de Janeiro: Objetiva, 2021. Disponível em: https://houaiss.uol.com.br/corporativo/apps/uol_www/v6-1/html/index.php#271. Acesso em: 25 maio 2023.)

importante em seus efeitos e, se a arte parasse por aí, ainda seria uma das áreas de estudo essenciais para o homem. E isso é só o começo. Vejamos por quê.

O primeiro dos sete princípios herméticos é o do mentalismo, que afirma que "o TODO é Mente", que "o Universo é mental" – isto é, a única realidade que se oculta detrás de tudo que existe é a mente; e o Universo em si mesmo é uma criação mental: *existe na mente do TODO*. Consideraremos este princípio nas lições seguintes, mas vejamos agora os seus efeitos, supondo que ele seja certo.

Se o Universo é de natureza mental, então a transmutação mental deve ser a arte de mudar ou transformar as condições do Universo, seja da matéria, seja da energia ou da mente. Assim, essa transmutação não é outra coisa senão a *magia*, da qual tanto falaram os escritores antigos em suas obras místicas, mas sobre a qual deram tão poucas instruções práticas. Se o TODO é mental, então a arte que permite transmutar as condições mentais deve fazer do Mestre o controlador das condições materiais, bem como das operações chamadas "mentais".

É certo que ninguém, com exceção dos alquimistas mentalistas mais avançados, alcançou o grau de poder necessário para dominar as condições físicas mais densas, como os elementos da natureza, a produção e a cessação de tempestades, terremotos ou outros fenômenos físicos de qualquer tipo. No entanto, que tais homens existiram e existem é algo de que nenhum ocultista duvida, seja qual for sua escola. Os melhores instrutores transmitem a seus alunos, com base em experiências pessoais que tiveram, a sua convicção de que há Mestres com esses poderes, dos quais não fazem exibição pública. Ao contrário, permanecem solitários para, assim, atuar e trabalhar melhor no caminho da realização. Só os mencionamos para chamar a atenção do leitor ao fato de que seus poderes são mentais e que exercem atividade no sentido da mais elevada transmutação mental, segundo o Princípio Hermético de Mentalismo de *O Caibalion*: "[...] o Universo é mental".

Os estudantes e hermetistas de graus inferiores ao de Mestre – os Iniciados e instrutores –, porém, também podem atuar e obrar livremente no plano mental. De fato, tudo que chamamos de "fenômenos psíquicos", "influência mental", "mentalismo", "novo pensamento" é transmutação mental, pois existe um único princípio envolvido, não importa o nome que se dê aos fenômenos produzidos.

Aquele que pratica a transmutação mental trabalha nesse plano, transformando condições e estados mentais em outros de acordo com fórmulas mais ou menos eficazes. Os vários "tratamentos", "afirmações", "negações" das escolas mentalistas nada mais são do que fórmulas (com frequência, um tanto imperfeitas e empíricas) da arte hermética. A maioria daqueles que os praticam é ignorante se comparada aos antigos Mestres, porque não tem o conhecimento fundamental no qual essa operação se baseia.

Não somente é possível transmutar nossos estados mentais com o uso dos métodos herméticos, como também os estados mentais de outros podem ser, e constantemente são, transmutados da mesma maneira – em geral, de modo inconsciente, mas, às vezes, de forma consciente –, com algum conhecimento das leis e dos princípios que os regem, nos casos em que as pessoas afetadas desconhecem os meios para proteger a si mesmas. Mais do que isso, como o sabem muitos estudantes do mentalismo, toda condição material depende da mente alheia e pode ser transmutada e alterada de acordo com os desejos sinceros, a vontade e os "tratamentos" daquele que quer modificar suas condições de vida. Hoje isso é tão conhecido que não consideramos necessário mencioná-lo em detalhe, visto que nosso único propósito é mostrar a ação desse princípio hermético que se oculta detrás de todas essas várias formas de operar, boas ou ruins, pois a força pode ser empregada em ambas as direções, de acordo com o Princípio Hermético de Polaridade.

Nesta obra, apresentaremos os princípios básicos nos quais se baseia a transmutação mental, de maneira que o leitor compreenda as leis às quais obedece, e, dispondo assim da chave mestra, seja capaz de abrir as muitas portas do Princípio de Polaridade.

Agora passaremos a considerar o Princípio do Mentalismo – o primeiro dos sete –, no qual se explica e se desenvolve o axioma de que "o TODO é Mente; o Universo é mental", nas palavras de *O Caibalion*.

Este princípio deve ser estudado com cuidado, porque é a base de toda a Filosofia Hermética e da arte hermética de transmutação mental.

CAPÍTULO IV

O TODO

"Para além do Cosmos, do Tempo, do Espaço, de tudo que se move e muda, encontra-se a Realidade Substancial, a Verdade Fundamental."

O CAIBALION

A definição de *substância* é: "o que subjaz a toda manifestação externa; a essência; a realidade essencial; a coisa em si mesma". *Substancial* significa: "que existe atualmente; o elemento essencial; o ser real". *Realidade* quer dizer: "o estado de ser real; verdadeiro, duradouro; válido; fixo; permanente; concreto".

Para além de toda manifestação ou aparência externa, sempre deve haver uma realidade substancial. Esta é a lei. O homem, ao considerar o Universo, do qual ele é uma unidade, enxerga apenas uma mudança contínua na matéria, nas forças, nos estados mentais. Vê que nada é realmente, que tudo se transforma e muda. Nada permanece; tudo nasce, cresce e morre. Assim que algo alcança seu desenvolvimento máximo, começa a declinar; a lei do ritmo está em constante operação. Não há realidade; nada é firme, duradouro, fixo ou substancial. Nada é permanente; tudo é mudança. Ele vê que todas as coisas derivam de outras e dão origem a outras. Entende que, continuamente, existe ação e reação; fluxo e refluxo; ascensão e queda; criação e destruição;

nascimento, crescimento e morte. E, se esse homem se puser a refletir, verá que todas essas coisas em perpétua mudança não podem ser senão simples aparências externas ou manifestações de algum poder subjacente ou de uma realidade substancial.

Pensadores de qualquer país ou época compreenderam a necessidade de afirmar a existência dessa realidade substancial. Todas as filosofias que se prezem se basearam nessa ideia. Os homens a designaram de diferentes maneiras: alguns a denominaram "Deus" (sob muitos nomes); outros a chamaram de "Divindade Infinita", "Energia Eterna"; ainda houve quem a considerasse "Matéria" etc. – mas todos reconheceram sua existência. É evidente por si mesma. Não necessita de argumentos.

Nestas lições, seguimos o exemplo de alguns dos maiores pensadores do mundo, antigos e modernos – os Mestres Herméticos –, e designamos esse poder oculto por trás de todas as manifestações, essa realidade substancial, por seu nome hermético: "*TODO*", expressão que nos parece ser a mais abrangente entre as muitas empregadas pelo homem.

Aceitamos e ensinamos as teorias dos grandes pensadores herméticos de todos os tempos, assim como as dessas almas iluminadas que ascenderam a planos superiores de existência. Uns e outros afirmam que a natureza íntima do TODO é incognoscível. E isso deve ser assim efetivamente, pois ninguém, exceto o próprio TODO, pode compreender sua natureza e seu ser.

Os hermetistas acreditam e ensinam que o TODO, em si mesmo, é e deve ser incognoscível. Consideram que as teorias e especulações dos teólogos e metafísicos a respeito da natureza íntima do TODO são esforços infantis de mentes mortais para descobrir o segredo do Infinito. Esse empenho sempre fracassou, e assim continuará, devido à própria natureza da tarefa. Aquele que especula acerca disso se perde em um labirinto de pensamentos e torna-se incapaz de agir e raciocinar com sanidade, até que a vida se torna impossível para ele. É como o esquilo que, em sua roda na gaiola, se põe a girar e girar sem sair do lugar, e, quando para, permanece prisioneiro tal qual antes de ter começado.

E ainda mais presunçosos são os que tratam de atribuir personalidade, propriedades, características e atributos próprios ao TODO, como se o TODO tivesse emoções, sentimentos e características dos humanos. E chegam inclusive a lhe atribuir qualidades ruins, como ciúmes, suscetibilidade à louvação e à oração, desejo de que lhe façam oferendas e o adorem e todas as outras coisas que nos foram legadas como herança desde os primeiros dias da infância da humanidade. Tais ideias não servem de nada ao homem desenvolvido, que acaba por deixá-las de lado.

Neste ponto, acreditamos ser necessário indicar que fazemos distinção entre religião e teologia, entre filosofia e metafísica. Religião significa, para nós, a compreensão intuitiva da existência do TODO e da relação entre si mesmo e ELE, ao passo que teologia designa os esforços dos homens para lhe atribuir suas próprias qualidades, personalidade, características etc.; suas teorias sobre os assuntos, vontade, desejos e desígnios do TODO; e sua assunção do ofício de "intermediários" entre o TODO e o povo. Para nós, filosofia é a indagação a respeito do conhecimento de coisas cognoscíveis e concebíveis; ao passo que metafísica se trata da tentativa de inquirir além desses limites, adentrando as regiões do incognoscível e do inconcebível, e que, afinal, tem a mesma tendência que a teologia. Como consequência, a religião e a filosofia, em nossa visão, estão firmemente apoiadas na realidade; a teologia e a metafísica, por sua vez, apoiam-se nas areias movediças da ignorância, sendo o suporte mais inseguro e instável para a mente ou a alma do homem. Não insistiremos que aceite tais definições; nós as mencionamos com o único objetivo de demarcar nossa posição. De todo modo, falaremos muito pouco de teologia e metafísica nestas lições.

No entanto, embora a natureza essencial do TODO seja incognoscível, há certas verdades relacionadas à sua existência que a mente humana se vê obrigada a aceitar. O exame destas constitui um assunto apropriado para a investigação, em particular porque concordam com o que nos informa o Iluminado acerca dos planos mais elevados da existência. E para esta investigação o convidamos agora.

"O que constitui a Verdade Fundamental, a Realidade Substancial, está além de toda denominação, mas o sábio o chama de TODO."

O Caibalion

"Em sua essência, o TODO é incognoscível."

O Caibalion

"Mas os ditames da razão devem ser recebidos com hospitalidade e tratados com respeito."

O Caibalion

A razão humana, cujos ditames devemos aceitar, nos diz o seguinte a respeito do TODO, sem pretender rasgar o véu do incognoscível:

O TODO deve ser tudo que existe. Nada pode existir fora DELE; do contrário, o TODO não seria tal.

O TODO deve ser infinito, pois não há nada que o defina, o limite ou lhe ponha restrições. Deve ser infinito no tempo, ou eterno; deve ter existido sempre, continuamente, porque nada jamais pode tê-lo criado, e algo nunca pode surgir do nada. E, se alguma vez não houvesse sido, ainda que por apenas um instante, não poderia "ser" agora. Deve existir sempre, pois não há nada que possa destruí-lo; e jamais pode deixar de ser, nem por um instante, porque algo nunca pode tornar-se nada. Deve ser infinito no espaço; estar em toda parte, pois não há lugar fora do TODO. Deve ser contínuo no espaço, sem cessação, separação ou interrupção, porque não existe nada que possa interromper, separar ou cessar sua continuidade, ou "preencher as lacunas". Deve ser infinito em poder, ou absoluto, porque não há nada que possa limitá-lo, restringi-lo, confiná-lo ou impedi-lo. Não está sujeito a nenhum outro poder, pois não há nenhum outro poder além do seu.

O TODO deve ser imutável, isto é, não sujeito a mudanças em sua natureza real, pois não há nada que o faça mudar ou em que possa se transformar, nem nada do qual possa ter se transformado. Não pode ser aumentado nem diminuído, nem ser maior ou menor, sob nenhum aspecto. Deve ter "sido" sempre, e deve continuar "sendo" sempre também, idêntico ao que é agora: o TODO. Nunca houve, nem há, nem haverá algo em que possa se transformar.

Sendo o TODO infinito, absoluto, eterno e imutável, deve-se deduzir que tudo que é finito, mutável, transformável e condicionado não pode ser o TODO. E como nada existe fora do TODO, tudo que é finito deve ser nada na realidade. Não se surpreenda nem se assuste, porque não estamos tentando conduzir o leitor à ciência cristã disfarçando-a de Filosofia Hermética. Há uma reconciliação entre esses assuntos aparentemente contraditórios. Tenha paciência, que a tudo chegaremos em seu devido tempo.

Vemos à nossa volta isso que se chama "matéria", aquilo que constitui as bases físicas de todas as formas. O TODO é apenas matéria? De jeito nenhum! Esta não pode manifestar vida ou mente, e como a vida e a mente estão manifestadas no Universo, o TODO não pode ser matéria, pois nada se eleva para além da própria fonte; nada se manifesta no efeito se não está também na causa. Nada emerge como consequente se não está envolvido como antecedente. Além disso, a ciência moderna nos diz que a matéria não existe; aquilo que chamamos de matéria é, na realidade, "energia ou força interrompida", isto é, energia ou força em um grau menor de intensidade vibratória. Como disse recentemente um escritor, "a matéria se submerge no Mistério". Mesmo a ciência materialista abandonou a teoria da matéria e agora se apoia no fundamento da "energia".

O TODO é, portanto, mera força ou energia? Não força ou energia com o sentido que os materialistas dão a esses termos, pois sua força e energia são coisas cegas, mecânicas, desprovidas de vida ou mente. A vida e a mente não podem nascer de energia cega, pelas razões já apresentadas: "Nada se eleva para além da própria fonte; nada evolui se não estiver envolvido; nada se manifesta no efeito se não está também na causa". O TODO, portanto, não pode ser mera força ou energia – se o fosse, vida e mente como as chamamos não existiriam, e sabemos que existem, porque estamos vivos e empregando nossa mente para considerar esta questão, assim como aqueles que afirmam que a energia ou força é tudo.

O que há, então, superior à matéria e à energia, que sabemos existir no Universo? Vida e mente, e em todos os seus diversos graus de desenvolvimento! "Então", o leitor perguntará: "Quer dizer que o TODO é vida e mente?". "Sim e não", é a nossa resposta. Se você se refere a vida e mente como aquilo que nós, pobres mortais, conhecemos delas, dizemos: "não, o TODO não é isso!". "Mas a que tipo de vida e mente se referem?", você perguntará.

A resposta é: à *Mente viva,* tão ampla como podemos concebê-la, visto que vida e mente são muito superiores à força mecânica ou à matéria. *Mente viva infinita,* se comparada a "vida e mente" finitas. Referimo-nos àquilo a que fazem alusão as almas iluminadas quando pronunciam a palavra *Espírito* com reverência!

O TODO é mente viva infinita; os Iluminados o chamam de *Espírito.*

CAPÍTULO V

O UNIVERSO MENTAL

"O Universo é uma criação mental sustentada na mente do TODO."

O CAIBALION

O TODO é *espírito*. Mas o que é espírito? Essa pergunta não pode ser respondida, visto que definir o espírito seria conceituar o TODO, o qual não se pode explicar. Espírito é o nome que os homens dão à concepção mais elevada da Mente viva infinita; significa a "essência real"; "mente viva", tão superior a tudo que entendemos por mente e vida quanto estas últimas são superiores à energia e à matéria. O espírito está além da nossa compreensão, e usamos esse termo apenas para poder pensar ou falar do TODO. Para o nosso entendimento, podemos conceber o espírito como uma mente viva infinita, tendo em conta, ao mesmo tempo, que não podemos compreendê-lo por completo. Ou fazemos isso ou nos vemos obrigados a deixar de pensar no assunto.

Passemos agora a considerar a natureza do Universo em sua totalidade, mas também em suas partes. O que é o Universo?

Já vimos que nada pode existir fora do TODO; então, o Universo é o TODO? Não, não pode sê-lo, porque parece ser feito de muitas, múltiplas unidades, e em contínua mudança. Em outros aspectos, não corresponde às ideias que somos compelidos a aceitar a respeito dele, conforme indicamos em nossa lição anterior. Então, se o Universo não é o TODO, ele deve ser nada; tal é a inevitável conclusão da mente numa primeira análise. Isso, porém, não satisfaz a pergunta, porque percebemos a existência do Universo. E se o Universo é algo, e não é o TODO, o que pode ser? Examinemos a questão.

Se o Universo existe, ou parece existir, deve preceder de alguma forma do TODO – deve ser sua criação. No entanto, como algo nunca pode vir do nada, de que o TODO poderia tê-lo criado? Alguns filósofos responderam a essa pergunta afirmando que o TODO criou o Universo a partir de si mesmo, isto é, obtendo-o da própria substância. Essa resposta não serve, contudo, visto que o TODO não pode ser aumentado, nem diminuído ou dividido, conforme já vimos – e, ainda que pudesse, cada partícula do Universo não poderia ter certeza de ser o TODO. Este não poderia perder o conhecimento de si mesmo, nem se *converter* em um átomo, ou força cega, ou ser vivo inferior. Alguns indivíduos, tendo compreendido que o TODO é tudo, e reconhecendo que eles próprios existiam, apressaram-se em concluir que eles e o TODO eram idênticos, e encheram o ar com seus gritos de "Eu sou Deus", para divertimento das multidões e tristeza dos sábios. Se o átomo gritasse "Eu sou homem", ainda seria modesto em comparação.

Mas o que é, na realidade, o Universo, se não é o TODO e nem foi criado por Ele com base na própria substância? O que mais pode ser? Ou, melhor dizendo, de que outra coisa pode ter sido feito? Esta é a grande questão. Vamos examiná-la com cuidado. O Princípio de Correspondência (ver Capítulo I) vem em nossa ajuda aqui. O antigo axioma hermético "como em cima é embaixo" pode ser usado para iluminar este ponto. Tratemos, portanto, de compreender algo do que acontece nos planos superiores com base no que acontece no nosso. O Princípio de Correspondência deve ser aplicado a este e a outros problemas.

Vejamos. No próprio plano de existência, como o homem cria? Primeiro, pode criar fazendo ou construindo algo com os materiais que o mundo externo lhe oferece. Isso, porém, não serve para nós, porque fora do TODO não existe material de nenhum tipo com que se possa criar. Segundo, o homem procria ou reproduz a sua espécie pelo processo de geração, que é sua multiplicação, acompanhada da transferência de uma parte da própria substância à progênie. No entanto, isso também não serve para nós, porque o TODO não pode transferir ou subtrair uma porção de si mesmo nem se reproduzir ou se multiplicar. No primeiro caso, haveria uma subtração de sua substância; no segundo, uma multiplicação ou adição ao TODO – ambos os pensamentos são um absurdo. Não existe outro meio pelo qual o homem cria? Sim, há: ele cria mentalmente; assim, não emprega materiais que o mundo lhe oferece nem reproduz a si mesmo, e, no entanto, seu espírito permeia sua criação mental.

Seguindo o Princípio de Correspondência, temos razões para considerar que o TODO cria o Universo mentalmente, de uma maneira semelhante ao processo pelo qual o homem cria suas imagens mentais. E é aqui que, nesta descrição, os ditames da razão coincidem com os das almas iluminadas, conforme encontramos em seus escritos ou ensinamentos. Tais são as doutrinas dos sábios. Tal foi o ensinamento de Hermes.

O TODO não pode criar de nenhuma outra maneira, a não ser mentalmente, sem empregar materiais (pois não há nenhum) nem se reproduzir (o que também é impossível). Não existe escapatória para esta conclusão da razão, a qual, como já vimos, concorda com o que dizem os Iluminados. Assim como podemos criar um Universo em nossa mente, o TODO cria o Cosmos na sua. Mas o nosso Universo seria a criação de uma mente finita, ao passo que o TODO seria a criação de um infinito. Ambas as criações são iguais em tipo, porém diferem muito em grau. Examinaremos em mais detalhes o processo de criação e manifestação à medida que avançamos em nosso estudo. No entanto, este é o ponto que, por ora, deve ficar claro.

"O Universo e tudo que ele contém são uma criação mental do TODO; tudo é mente."

O CAIBALION

"O TODO cria, em sua mente infinita, inumeráveis universos, os quais existem durante eras, e ainda assim, para Ele, a criação, o desenvolvimento, a decadência e a morte de um milhão de universos equivalem ao lapso de um piscar de olhos."

O CAIBALION

"A mente infinita do TODO é a matriz do Cosmos."

O CAIBALION

O Princípio de Geração ou Gênero (ver Capítulo I e subsequentes) se manifesta em todos os planos da vida: material, mental e espiritual. No entanto, como indicamos anteriormente, "gênero" não significa "sexo", pois este é apenas a manifestação material do gênero. "Gênero" quer dizer "relativo à geração ou criação". E sempre que algo é gerado ou criado, seja no plano que for, o Princípio de Geração se manifesta. E isso também é verdadeiro no que se refere à criação de universos.

Agora, não suponha que estamos ensinando que há um Deus criador masculino e outro feminino. Essa ideia não passa de uma distorção dos antigos ensinamentos a esse respeito. A verdade é que o TODO, em si mesmo, está além do gênero, como também está além de todas as outras leis, incluindo as do tempo e do espaço. Ele é a Lei da qual todas as leis procedem e, portanto, não pode estar sujeito a elas.

No entanto, quando o TODO se manifesta no plano de geração ou criação, atua de acordo com a Lei e o Princípio, pois está se movendo em um plano inferior de existência. E, como consequência, manifesta o Princípio de Geração em seus aspectos masculino e feminino – no plano mental, claro.

Essa ideia poderá parecer um tanto chocante para quem a ouvir pela primeira vez, mas todos a aceitaram passivamente em suas concepções cotidianas. Fala-se da paternidade de Deus e da maternidade da Natureza – de Deus como pai divino e da Natureza como mãe universal – e, portanto, reconhece-se por instinto o Princípio de Geração no Universo. Não é assim?

Os ensinamentos herméticos, porém, não implicam uma dualidade real. O TODO é UNO; os dois aspectos são, meramente, da manifestação. A lição é que o princípio masculino manifestado pelo TODO permanece, de certo modo, à parte da criação mental do Universo. Projeta sua vontade sobre o princípio feminino, que pode ser chamado de Natureza, e nesta começa a obra evolutiva do Universo, desde simples "centros de atividade" até o homem, e deste a planos de existência mais elevados – tudo isso de acordo com as leis da Natureza, bem estabelecidas. Se houver preferência pelas antigas imagens mentais, pode-se conceber o princípio masculino como Deus, o pai, e o princípio feminino como Natureza, a mãe universal, de cuja matriz todas as coisas nascem. Isso é mais do que uma simples figura poética de linguagem: trata-se de uma ideia do processo de criação do Universo. No entanto, sempre devemos lembrar que o TODO é UNO, e que em sua mente infinita o Cosmos é gerado, criado e existe.

Aplicar a Lei de Correspondência a si mesmo e à própria mente pode ajudá-lo a compreender isso. O leitor sabe que essa parte de si mesmo que chama de "eu", em certo sentido, permanece separada e testemunha a criação de suas imagens mentais no intelecto. A porção da sua mente na qual ocorre a geração de imagens pode ser denominada "mim", em distinção ao "eu", que permanece separado e testemunha e examina os pensamentos, ideias e imagens do "mim". Lembre-se, "como em cima é embaixo", e os fenômenos de um plano podem ser usados para resolver os enigmas dos planos superiores e inferiores.

Acaso é de se admirar que você, o filho, sinta uma reverência instintiva pelo TODO, um sentimento que definimos como "religião" – esse respeito e reverência pela Mente Paterna? Acaso é de se admirar que, quando considera as obras e maravilhas da Natureza, sinta-se comovido até o mais profundo do seu ser? É à sua Mente Materna que está se ligando, como uma criança que se conecta ao seio da mãe.

Não cometa o erro de supor que o minúsculo mundo que o circunda – a Terra, um mero grão de areia no Universo – é o próprio Universo. Há milhões e milhões de mundos como este e muito maiores do que ele. E existem milhões e milhões de tais universos na Mente Infinita do TODO. E, mesmo em nosso pequeno Sistema Solar, há regiões e planos de vida muito superiores aos nossos, e seres comparados com os quais nós, meros mortais, somos o que são as amebas em relação ao homem. Seres cujos poderes e atributos são muito mais elevados que os do homem e que este jamais sonhou que pudessem existir. No entanto, apesar disso, esses seres um dia foram o que somos hoje, e um dia seremos o que eles são, e ainda superiores, porque tal é o destino do homem, de acordo com o que informam os Iluminados.

A morte não é real, nem mesmo em sentido relativo: não é senão nascer em uma vida nova, e ascendemos e continuaremos ascendendo a planos de vida cada vez mais elevados, durante eras e eras. O Universo é a nossa casa, o nosso lar, e podemos explorá-lo até seus confins mais distantes, antes da consumação dos tempos. Habitamos a Mente Infinita do TODO, e nossas possibilidades e oportunidades são infinitas, tanto no tempo como no espaço. E ao fim do grande ciclo das eras, quando o TODO reabsorver suas criações em si mesmo, marcharemos com alegria, porque então seremos capazes de compreender toda a verdade de ser UNO com o TODO. Isso é o que afirmam os Iluminados, que tanto avançaram no caminho de realização.

Enquanto isso, estejamos tranquilos e serenos; estamos seguros e protegidos pelo Poder Infinito da Mente Materna-Paterna.

"Na Mente Materna-Paterna, os filhos mortais estão em casa."
O CAIBALION

"Não há ninguém que não tenha pai ou mãe no Universo."
O CAIBALION

CAPÍTULO VI

O PARADOXO DIVINO

"O meio-sábio, reconhecendo a irrealidade relativa do Universo, imagina que pode desafiar suas leis. Este não passa de um tonto, vão e presunçoso, que, em razão de sua loucura, se chocará contra as rochas e será destroçado pelos elementos. O verdadeiro sábio, conhecendo a natureza do Universo, usa a Lei contra as leis: as superiores contra as inferiores; e, pela arte da alquimia, transmuta o que não é desejável em valioso; e assim triunfa. A maestria não consiste em sonhos anormais, em visões e imaginação fantástica ou viva, e sim no sábio emprego das forças superiores contra as inferiores; escapa-se, assim, das dores dos planos inferiores vibrando nos mais elevados. A transmutação (e não a negação presunçosa) é a arma do Mestre."

O CAIBALION

Esse é o paradoxo do Universo, decorrente do Princípio de Polaridade, que se manifesta quando o TODO começa a criar. Preste atenção a isso, pois aponta a diferença entre a meia-sabedoria e a sabedoria.

Enquanto, para o TODO infinito, o Universo, suas leis, seus poderes, sua vida, seus fenômenos são como coisas contempladas no estado de meditação ou sonho, para tudo que é finito o Universo deve ser tratado como real, e a vida, as ações e os pensamentos têm de estar baseados nisso, adequadamente, embora com um claro conhecimento e compreensão da Verdade Superior, cada um de acordo com o próprio plano e suas leis. Se o TODO houvesse imaginado um Universo real, seria desastroso para este, porque então não poderia ascender do inferior ao superior; o Universo se converteria em uma coisa fixa, imóvel, e o progresso seria impossível. E se o homem, por sua vez, devido à sua meia-sabedoria, atua, vive e pensa no Universo como se fosse um sonho (parecido com os próprios sonhos finitos), este se converterá efetivamente nisso para ele, e, como um cadáver deambulante, vê-se dando voltas e mais voltas em círculo, sem fazer o menor progresso e sendo forçado, por fim, a despertar e viver segundo as leis naturais que ignorou. Mantenha sempre a mente fixa no Astro, mas preste atenção por onde anda; não caia no abismo por olhar para o céu. Lembre-se do paradoxo divino: "o Universo não é; entretanto, é". Recordemos sempre os dois polos da verdade: o absoluto e o relativo. Evitemos as meias-verdades.

O que os hermetistas conhecem como a "Lei do Paradoxo" é um aspecto do Princípio de Polaridade. As escrituras herméticas estão repletas de referências ao considerar os problemas da Vida e do Ser. Os instrutores estão sempre alertando seus alunos contra o erro de omitir o "outro lado" de qualquer questão e suas recomendações se dirigem, em especial, aos problemas do absoluto e do relativo, que confundem os estudantes de filosofia e obrigam outros tantos a pensar e atuar contrariamente ao que se conhece como "senso comum". Recomendamos a todos os estudantes que compreendam bem o paradoxo divino do absoluto e do relativo, evitando deixar-se levar pela miragem da meia-verdade. Com isso em mente, esta lição foi escrita. Leia-a com atenção!

A primeira ideia que ocorre ao pensador que conheceu e compreendeu a verdade de que o Universo é uma criação mental do TODO é a de que o Universo, e tudo o que este contém, é pura ilusão, uma irrealidade, ideia contra a qual seus instintos se revoltam. Isso, porém, como outras grandes verdades, deve ser considerado dos pontos de vista absoluto e relativo. Do primeiro, o Universo é, obviamente, uma ilusão, um sonho, uma fantasmagoria, se comparado com o TODO em si mesmo. Nós mesmos reconhecemos isso quando falamos do mundo como de um sonho, que vai e vem, que nasce e morre, pois a impermanência e a mudança, a finitude e a ausência de substancialidade devem estar associadas à ideia de um Universo criado, quando se compara com o próprio TODO, independentemente de qual seja nossa crença a respeito da natureza de ambos. Filósofos, metafísicos, cientistas e teólogos estão de acordo quanto a isso, e essa concepção está em todos os sistemas filosóficos e religiosos, assim como nas teorias das respectivas escolas de metafísica e teologia.

Os ensinamentos herméticos, portanto, não pregam a qualidade insubstancial do Universo em termos mais fortes do que aqueles que nos são familiares, ainda que a maneira como apresentam o assunto lhes possa parecer um pouco mais contundente. Tudo que tem um princípio e um fim deve ser, em certo sentido, irreal e ilusório, e essa regra se aplica ao Universo em todas as escolas de pensamento.

Do ponto de vista absoluto, não há nada real, exceto o TODO, quaisquer que sejam os termos que empregamos ao pensar sobre isso ou ao discuti-lo. Quer o Universo tenha sido criado de matéria, quer seja uma criação mental do TODO, é insubstancial, mutável, sujeito ao tempo, ao espaço e à mudança. Devemos compreender bem isso antes de examinar a concepção hermética da natureza mental do Universo. O leitor examine quaisquer outras concepções e veja se isso não se aplica a todas.

O ponto de vista absoluto, por sua vez, mostra apenas um lado da questão, sendo o outro o aspecto relativo dela. As verdades absolutas foram definidas como "as coisas, tal como as conhece e as vê a mente de Deus", ao passo que as verdades relativas são "as coisas, tal como a mais elevada razão do homem as compreende". Desse modo, enquanto, para o TODO, o Universo é ilusório e irreal, um simples sonho ou resultado da meditação, para as mentes finitas que formam parte dele e o observam por intermédio das faculdades mortais, o Universo certamente é real, e assim deve ser considerado. Ao reconhecer o ponto de vista absoluto, não devemos cometer o erro de ignorar ou negar os fatos e fenômenos do Universo tal como se apresentam para nós perante nossas faculdades mortais. Lembre-se: não somos o TODO.

Para usar exemplos familiares, podemos admitir o fato de que a matéria "existe" para os nossos sentidos, e faríamos muito mal se não a compreendêssemos assim. E, apesar disso, nossa mente finita reconhece a verdade científica de que não há matéria do ponto de vista da ciência – o que chamamos matéria é apenas um amontoado de átomos, os quais, por sua vez, nada mais são que agrupamentos de unidades de força, denominadas "elétrons" ou "íons", que vibram em movimento circular de modo constante. Chutamos uma pedra e sentimos o impacto; parece ser real, e, apesar disso, sabemos que não é mais do que o já exposto. No entanto, lembremos que nosso pé sente o impacto por meio do cérebro e, assim como este, também é matéria constituída de elétrons. Se não fosse pela mente, não saberíamos nada nem do pé nem da pedra.

Além disso, o ideal que o artista ou escultor reproduz na tela ou no mármore lhe parece muito real. O mesmo acontece com os personagens criados pela mente de um autor ou dramaturgo, que tenta expressá-los para que os demais possam reconhecê-los. E, se isso é certo no caso de nossas mentes finitas, qual será o grau de realidade das imagens mentais criadas na mente do Infinito? Ah, para os mortais, este Universo de mentalidade sem dúvida é muito real! É o único que podemos conhecer, ainda que nos elevemos de plano em plano, cada vez mais alto. A fim de saber a verdade para além da experiência, teríamos que ser o próprio TODO. É certo que, quanto mais nos elevamos na escala, mais perto nos encontramos da "mente do Pai" e mais evidente se faz a natureza ilusória das coisas finitas. Mas até que o TODO não nos absorva dentro de Si mesmo, a visão não desvanecerá.

Não necessitamos, portanto, nos estender sobre o que caracteriza a ilusão. Reconheçamos, antes, a verdadeira natureza do Universo e tratemos de compreender suas leis mentais, esforçando-nos para empregá-las da forma mais efetiva para o nosso progresso ascendente ao longo da vida, à medida que viajamos de um plano de existência a outro. As leis do Universo não deixam de ser "leis férreas" por serem de natureza mental. Todos, exceto o TODO, estão sujeitos a elas. *O que está na mente infinita do TODO é real,* num grau que só é inferior ao da própria realidade que constitui a natureza do TODO.

Não nos sintamos, pois, inseguros ou temerosos; estamos sustentados com firmeza na mente infinita do TODO, e não há nada que possa nos causar dano ou medo. Não existe poder algum fora do TODO que nos afete. Podemos descansar tranquilos e seguros. E, uma vez alcançada essa compreensão, encontraremos um mundo de conforto e segurança. Então dormiremos tranquilos e serenos, embalados no berço do Profundo, descansando em segurança no fundo do oceano da Mente Infinita que constitui o TODO. No TODO vivemos com certeza, nos movemos e temos nossa existência.

A matéria, no entanto, é matéria para nós enquanto permanecemos neste plano, embora saibamos que não é mais que um amontoado de partículas de força – ou elétrons – que vibram com rapidez e giram umas em torno das outras na formação dos átomos. Estes, por sua vez, giram e vibram compondo as moléculas, e a agrupação destas últimas dão origem às grandes massas de matéria. E não se torna menos matéria quando avançamos em nossa investigação e aprendemos, com base nos ensinamentos herméticos, que a força, cujas unidades são os elétrons, é apenas uma manifestação da mente do TODO, e que, como o restante no Universo, é puramente mental em sua natureza. Ainda que no Plano da Matéria tenhamos que reconhecer seus fenômenos, podemos dominá-la (como o fazem todos os Mestres em maior ou menor grau), mas o fazemos aplicando-lhe as forças superiores. Cometeríamos, portanto, uma loucura se negássemos a existência da matéria nesse aspecto relativo. Podemos, sim, negar seu domínio sobre nós, mas não devemos tentar ignorá-la em seu aspecto relativo, pelo menos enquanto vivermos neste plano.

As leis da Natureza também não se tornam menos constantes ou efetivas porque aprendemos que são meras criações mentais. Obram de forma plena em todos os planos. Nós nos libertamos das leis inferiores aplicando-lhes as superiores, e só podemos consegui-lo desta maneira. No entanto, não podemos escapar à Lei ou nos elevar acima dela completamente. Nada, a não ser o TODO, pode escapar à Lei, e isso se deve ao fato de que o TODO é a própria Lei, da qual as demais se originam. Os Mestres mais avançados podem adquirir os poderes que, em geral, são atribuídos aos deuses; e existem incontáveis graus do ser na grande hierarquia da vida, cujos poderes transcendem até os mais elevados Mestres, em um grau inconcebível para os mortais; mas até o maior Mestre e o ser mais elevado devem curvar-se perante a Lei, pois são como nada diante dos olhos do TODO. De modo que, se até esses seres mais elevados, cujos poderes excedem até mesmo os atribuídos pelo homem a seus deuses, estão sujeitos e servem à Lei, imagine a presunção do mortal de nossa raça quando vê as leis da Natureza como "irreais", visionárias e ilusórias, porque conseguiu compreender que essas leis são de natureza mental, ou simples criações mentais do TODO. Essas leis, que regem por desígnio do TODO, não podem ser desafiadas ou transgredidas. Enquanto o Universo subsistir, elas subsistirão, porque ele existe em virtude dessas leis – as quais formam a trama que o sustenta.

O Princípio Hermético do Mentalismo, ao mesmo tempo que explica a verdadeira natureza do Universo sob o fundamento de que tudo é mental, não muda as concepções científicas do Universo, da vida ou da evolução. Na realidade, a ciência não faz mais que corroborar os ensinamentos herméticos, os quais orientam que a natureza do Universo é mental (ao passo que a ciência afirma que é "material", ou – recentemente – que, em última análise, é "energia"). Os ensinamentos herméticos também não estão em confronto com o princípio básico de Herbert Spencer, que postulou a existência de uma "Energia Infinita e Eterna da qual procedem todas as coisas". Os hermetistas reconhecem na filosofia de Spencer a mais elevada expressão da obra das leis naturais já promulgadas e creem que este era uma reencarnação de um antigo filósofo que habitou o Egito há milhares de anos e que mais tarde existiu como Heráclito, o filósofo grego que viveu no ano 500 a.C. Consideram sua doutrina da "Energia Infinita e Eterna" consonante com os ensinamentos herméticos, sempre com o adicional da própria doutrina de que essa energia é a mente do TODO. Com essa chave mestra da Filosofia Hermética, o aluno de Spencer pode abrir muitas portas das concepções filosóficas internas do grande filósofo inglês, cujas obras demonstram os resultados de sua preparação em encarnações anteriores. Seus ensinamentos a respeito da Evolução e do Ritmo estão quase em perfeita consonância com a doutrina hermética referente ao Princípio do Ritmo.

O estudante do hermetismo, portanto, não precisa deixar de lado os pontos de vista científicos referentes ao Universo. Tudo que se pede é que compreenda o princípio básico de que o TODO é mente, de que o Universo é mental, sustentado na mente do TODO, e verá que os outros seis princípios concordam com este conhecimento científico, os quais servirão para elucidar por completo os pontos obscuros. Isso não deve surpreender, se considerarmos a influência do pensamento hermético sobre os primeiros filósofos da Grécia, sobre cujas doutrinas se apoiam, em grande parte, as teorias da ciência atual. A aceitação do primeiro princípio hermético (Mentalismo) é o único grande ponto de diferença entre a ciência moderna e os estudantes herméticos; e a ciência vai, aos poucos, se aproximando da posição do hermetismo à medida que, tateando na escuridão, tenta sair do labirinto em que se encontra em busca da Realidade.

O objetivo desta lição é imprimir na mente do estudante o fato de que, para todos os intentos e propósitos, o Universo, suas leis e seus fenômenos são tão reais, no que concerne ao homem, quanto o seriam sob a hipótese do materialismo e da energia. Sob qualquer hipótese, o Universo, em seu aspecto externo, está sempre mudando e é transitório, e, por conseguinte, desprovido de realidade substancial. No entanto – note-se o outro polo da verdade –, sob qualquer uma dessas hipóteses, somos obrigados a atuar e a viver como se essas coisas fugazes fossem reais e substanciais. Sempre com esta diferença entre as várias hipóteses: nas antigas visões, ignorava-se o poder mental como Força Natural; agora, sob o Mentalismo, tal poder é considerado a maior força desse tipo. E essa única diferença é suficiente para revolucionar a vida daqueles que compreendem o princípio e as práticas e leis que dele resultam.

Por último, uma vez que se compreenda a vantagem do Mentalismo, aprende-se a conhecer, empregar e aplicar as leis resultantes. No entanto, leitor, não caia na tentação que, conforme *O Caibalion*, acomete o meio-sábio: este, hipnotizado pela aparente irrealidade das coisas, caminha de um lado a outro como se estivesse sonhando, ignorando a vida diária e seu trabalho. E, no final, em razão de sua loucura, acaba por se chocar contra as rochas e sendo destroçado pelos elementos. Mais vale seguir o exemplo do sábio, que, segundo *O Caibalion*, "usa a Lei contra as leis: as superiores contra as inferiores; e, pela arte da alquimia, transmuta o que não é desejável em valioso; e assim triunfa". De acordo com essa doutrina, deve-se evitar a meia-sabedoria, que é loucura e ignora a verdade de que "a maestria consiste não em sonhos anormais, em visões e imaginação fantástica ou viva, e sim no sábio emprego das forças superiores contra as inferiores. Escapa-se, assim, das dores dos planos inferiores vibrando nos mais elevados". Lembre-se sempre de que "a transmutação (e não a negação presunçosa) é a arma do Mestre". As citações anteriores são de *O Caibalion*, e vale tê-las sempre presentes.

Não vivemos em um mundo de sonhos, e sim em um Universo que, embora seja relativo, é real, pelo menos no que concerne à nossa vida e às nossas ações. Nossa missão no Universo não é negar sua existência, e sim viver empregando devidamente suas leis para ascender do plano inferior ao superior; viver, fazendo o melhor que pudermos dentro das circunstâncias que surgem a cada dia, conforme nossas mais elevadas ideias e ideais. O verdadeiro significado da vida não é conhecido pelo homem neste plano – se é que alguém o conhece. No entanto, os mais sábios, e nossas intuições, nos ensinam que não nos equivocaremos se tentarmos viver o melhor possível e seguir a tendência universal no mesmo sentido, apesar das aparentes evidências em contrário. Todos estamos no Caminho, e esta via vai sempre ascendendo, com frequentes lugares de repouso.

Leia a mensagem de *O Caibalion* e siga o exemplo do sábio, evitando o erro do meio-sábio, que perece em razão de sua loucura.

CAPÍTULO VII

O TODO EM TUDO

"Embora seja certo que tudo está no TODO, também é certo que o TODO está em tudo. Aquele que compreende isso devidamente adquiriu grande conhecimento."

O CAIBALION

Com que frequência se ouviu a maioria repetir a afirmação de que sua Deidade (designada por muitos nomes) era "tudo em tudo", e quão pouco se suspeitou da verdade oculta encerrada nessas palavras pronunciadas de maneira tão descuidada! A expressão que costuma ser usada é o que restou da máxima hermética da epígrafe. Como diz *O Caibalion*, "aquele que compreende isso devidamente adquiriu grande conhecimento". E, se é assim, tratemos de compreender o seu significado, dada sua grande importância. Essa máxima contém uma das maiores verdades filosóficas, científicas e religiosas.

Já apresentamos ao leitor o ensinamento hermético concernente à natureza mental do Universo – a verdade de que "o Universo é mental, sustentado na mente do TODO". Como diz *O Caibalion* na passagem citada: "Todas as coisas estão no TODO". No entanto, note também a seguinte afirmação correlacionada: "É igualmente certo que o TODO está em todas as coisas". Essa aparente contradição é conciliável segundo a Lei do Paradoxo. Além disso, trata-se de uma afirmação hermética exata sobre as relações que existem entre o TODO e seu Universo mental. Vimos como tudo está no TODO; examinemos agora o segundo aspecto do assunto.

A doutrina hermética indica que o TODO é imanente e inerente ao Universo, assim como em cada parte, partícula, unidade ou combinação dentro do Universo. Os Mestres costumam ilustrar este postulado referindo-se ao Princípio de Correspondência, solicitando ao aluno que elabore uma imagem mental de algo: uma pessoa, uma ideia ou alguma coisa que tenha forma mental. O exemplo preferido é o do autor ou dramaturgo que está constituindo uma ideia dos personagens, ou o do pintor ou escultor que está criando a imagem mental daquilo que tenta expressar com sua arte. Em cada caso, o estudante verá que, embora a imagem só tenha existência e ser dentro da própria mente, o criador – autor, dramaturgo, pintor ou escultor, estudante – é, em certo sentido, imanente a tal imagem. Em outras palavras, toda a virtude, vida, espírito ou realidade da imagem mental deriva da "mente imanente" do criador. Reflita sobre isso por um instante até compreender bem a ideia.

Para dar outro exemplo, digamos que Otelo, Iago, Hamlet, Lear, Ricardo III, entre outros, existiram na mente de Shakespeare no momento de sua concepção ou criação. E, no entanto, Shakespeare também existiu em cada um desses personagens, dando-lhes sua vitalidade, seu espírito e sua ação.

De quem é o espírito de personagens que conhecemos, como Wilkins Micawber, Oliver Twist, Uriah Heep? É de Charles Dickens? Ou cada um deles tem um espírito pessoal, independente do de seu criador? A Vênus de Médici, a Madona Sistina, o Apolo de Belvedere têm espírito e realidade próprios ou representam os poderes mentais e espirituais de seus criadores? A Lei do Paradoxo explica que ambas as proposições são corretas, isso se consideradas dos pontos de vista apropriados. Micawber é, ao mesmo tempo, Micawber e Dickens. E, embora possamos dizer que Micawber é Dickens, este não é idêntico a Micawber. O homem, como Micawber, pode exclamar: "O espírito do meu Criador é inerente a mim; e, no entanto, eu não sou 'Ele'". Isso é muito diferente da chocante meia-verdade que vociferam alguns meio-sábios, dizendo: "Eu sou Deus". Imagine o pobre Micawber ou o dissimulado Uriah Heep exclamando: "Eu sou Dickens". Ou, então, qualquer outro personagem das obras de Shakespeare anunciando: "Eu sou Shakespeare". O TODO é imanente à minhoca, mas a minhoca está muito longe de ser o TODO. E o assombro persiste, pois, ainda que a minhoca exista como uma coisa pequena, criada e tendo seu ser apenas na mente do TODO, o TODO é imanente a ela, assim como às partículas que a compõem. Pode haver algum mistério maior do que o contido na proposição "Tudo está no TODO e o TODO está em tudo"?

Decerto o estudante compreenderá que as explicações apresentadas são imperfeitas e inadequadas, porque representam a criação de imagens mentais em mentes finitas, ao passo que o Universo é a criação de uma mente infinita, e a diferença entre os dois polos as separa. E, no entanto, é só questão de grau; o mesmo princípio está em ação. O Princípio de Correspondência se manifesta em cada caso: "Como em cima é embaixo; como embaixo é em cima".

E, à medida que compreenda a existência do Espírito subjacente imanente ao próprio ser, o homem se elevará na escala espiritual da vida. Isso é o que significa o desenvolvimento espiritual: o reconhecimento, a compreensão e a manifestação do Espírito interno. Recorde sempre essa definição (a do desenvolvimento espiritual), porque ela contém a verdade de toda verdadeira Religião.

Existem muitos Planos do Ser, diversos subplanos de vida, inúmeros graus de existência no Universo. E todos dependem do avanço dos seres na escala, cujo ponto mais baixo é a matéria mais densa, estando o Ser mais elevado separado do Espírito do TODO apenas por uma sutilíssima divisão. E, avançando e ascendendo nessa escala da vida, tudo está em movimento. Todos estão no caminho, cujo fim é o TODO. Todo progresso é um retorno para casa. Tudo se move para cima e para a frente, apesar das aparentes contradições. Esta é a mensagem do Iluminado.

A doutrina hermética concernente ao processo da criação mental do Universo é que, no princípio do ciclo criador, o TODO, em seu aspecto de "ser", projeta sua vontade para seu aspecto de "tornar-se", e começa o processo da criação. Afirma-se que esse processo consiste na diminuição gradual de intensidade vibratória até que se alcança um grau muito baixo de energia, em cujo ponto se manifesta a forma mais densa possível de matéria. Esse processo se chama involução, no qual o TODO "involui", ou se "envolve" em sua criação, cuja correspondência os hermetistas acreditam estar nos processos mentais de um artista, escritor ou inventor, que fica tão "envolvido" em sua criação mental que esquece quase completamente a própria existência, pois, nesses momentos, "vive em sua criação". Se, em vez de "envolvido", usássemos a palavra "absorto", talvez tivéssemos uma ideia mais clara do que queremos dizer.

Esse estado involutivo da criação também é chamado "emanação" da energia divina, assim como o estado evolutivo é denominado "absorção". O polo mais extremo do processo criador é considerado o mais separado do TODO, ao passo que o começo do estado evolutivo é visto como o início do retorno da oscilação do pêndulo do Ritmo, como uma volta para casa.

O ensinamento é que, durante a emanação, as vibrações vão diminuindo de modo gradual até que, por fim, o impulso cessa, e tem início o retorno da oscilação pendular. No entanto, existe esta diferença: enquanto na emanação as forças criadoras se manifestam de forma compacta, em sua totalidade, no estado evolutivo ou de "absorção" evidencia-se a lei da individualização, isto é, a tendência de se separar em unidades de força, de modo que o que deixou o TODO como energia não individualizada retorna à sua fonte como inúmeras unidades de vida desenvolvidas que se elevam cada vez mais na escala por meio da evolução física, mental e espiritual.

Os antigos hermetistas empregavam a palavra *meditação* para descrever o processo da criação mental do Universo na mente do TODO; também usavam com frequência o termo *contemplação*. No entanto, a ideia que pretende comunicar parece ser a da Atenção Divina. *Atenção* é um vocábulo derivado de raiz latina, que significa "alcançar, chegar", e o ato de atenção é de fato um "alcance", uma "extensão" da energia mental; portanto, compreenderemos perfeitamente o conceito se examinarmos o verdadeiro significado da atenção.

A doutrina hermética concernente ao processo de evolução é que o TODO, tendo meditado sobre o princípio da criação e estabelecido, assim, a base material do Universo, criando-o mentalmente, pouco a pouco vai despertando de sua meditação e, ao fazê-lo, dá início à manifestação do processo evolutivo nos planos material, mental e espiritual, sucessivamente em ordem. Assim começa o movimento ascendente, e todos os seres começam a se dirigir ao Espírito. A matéria se torna menos densa; surgem as unidades; as combinações passam a se formar; a vida aparece e se manifesta em formas cada vez mais elevadas; a mente se torna cada vez mais evidente; as vibrações se intensificam. Em síntese, o processo inteiro de evolução, em todas as suas fases, tem início e prossegue de acordo com o processo das "leis de absorção". Tudo isso ocupa eras e eras, cada qual composta de milhões de anos; mas, segundo afirma o Iluminado, toda a criação – incluindo a involução e a evolução de um Universo – é apenas um piscar de olhos para o TODO. Ao final de inúmeros ciclos de eras, o TODO retira sua atenção (contemplação ou meditação) do Universo, porque a Grande Obra terminou, e tudo é absorvido no TODO de quem emergira. O mistério dos mistérios, porém, é que o Espírito de cada alma não é aniquilado, mas se expande infinitamente, e Criador e Criatura se fundem. É isso o que dizem os Iluminados!

O relato anterior sobre a meditação do TODO e seu subsequente despertar da meditação nada mais é que uma tentativa de descrever o processo infinito usando um exemplo finito. No entanto, "como em cima é embaixo", a diferença é apenas de grau. E, assim como o TODO desperta de sua meditação acerca do Universo, também o homem (em seu devido tempo) deixará de se manifestar sobre o plano material e se retirará cada vez mais no Espírito Interno, que, com efeito, é o "Ego Divino".

Há mais um assunto que desejamos abordar neste capítulo, que se aproxima muito de uma invasão do campo metafísico da especulação, ainda que nosso propósito seja mostrar a futilidade de tal especulação. Aludimos à indagação que, de modo inevitável, vem à mente de todos os pensadores que se aventuraram a buscar a Verdade: Por que o TODO cria Universos? Essa pergunta pode ser formulada de diferentes formas, mas sua essência é sempre a mesma.

Os homens se esforçaram muito para respondê-la, mas ainda não encontraram uma resposta satisfatória. Alguns imaginaram que o TODO ganharia algo com isso, mas essa ideia é absurda; afinal, o que o TODO poderia obter que já não possua? Há aqueles que buscaram explicação na ideia de que o TODO desejava algo para amar; outros, na de que criava por prazer ou diversão, ou porque estava solitário, ou para manifestar seu poder. Todas essas ideias e explicações, porém, são pueris e pertencem à primeira infância do pensamento.

Alguns tentaram justificar o mistério presumindo que o TODO se via "compelido" a criar, em razão de sua "natureza interna", ou seu "instinto criador". Essa ideia, embora represente um avanço em relação às outras, tem um ponto débil. Se sua "natureza interna" ou "instinto criador" o compelisse a fazer algo, então a natureza interna ou o instinto criador seriam o Absoluto, em vez do TODO, de modo que a proposição é falha. No entanto, o TODO cria e se manifesta, e parece encontrar certa satisfação nisso. E é muito difícil escapar à conclusão de que, em certo grau infinito, haveria algo que correspondesse a uma natureza interna ou instinto criador no homem, com Desejo e Vontade igualmente infinitos. Não poderia obrar se não quisesse fazê-lo, e não poderia fazê-lo a menos que o desejasse, e não o desejaria se não obtivesse disso alguma satisfação. E todas essas coisas pertenceriam a uma "natureza interna", e poder-se-ia postular sua existência de acordo com a Lei de Correspondência, tanto interna como externa. Ainda assim, contudo, preferimos pensar no TODO como agindo livre de qualquer influência. Este é o problema que se encontra na raiz da dificuldade – e a dificuldade que se encontra na raiz do problema.

Falando estritamente, não se pode afirmar que exista alguma "razão" para que o TODO obre, porque uma razão implica uma causa, e o TODO está acima da causa e do efeito, exceto quando a própria vontade se converte em causa, momento em que o princípio se põe em movimento. Como se pode ver, o assunto é inconcebível, assim como o TODO é incognoscível. Da mesma forma que dizemos que o TODO simplesmente é, nos vemos obrigados a afirmar que *o TODO obra porque obra.* E, em última instância, o TODO é toda razão em si mesma; toda lei em si mesma; toda ação em si mesma; e pode-se realmente dizer que Ele é a própria razão, a própria lei, a própria ação, ou, melhor ainda: que o TODO, sua razão, sua lei, sua ação são UNO. Essas palavras são diferentes nomes da mesma coisa. Na opinião daqueles que lhes dão estes ensinamentos, a resposta se encontra encerrada no íntimo ser do TODO, junto a seu segredo da existência. A Lei de

Correspondência, em nossa opinião, só chega ao aspecto do TODO, que denominamos o aspecto do "tornar-se". Além desse aspecto está o do "ser", no qual todas as leis se perdem na Lei; todos os princípios, no Princípio; e o TODO, o Princípio e o Ser são idênticos, uma e a mesma coisa. Por conseguinte, toda especulação metafísica acerca desse ponto é vã. Se nos ocupamos do assunto aqui, é só para mostrar que reconhecemos a pergunta, bem como o absurdo das explicações dadas por metafísicos e teólogos.

Em conclusão, poderá ser do interesse dos estudantes saber que, embora alguns dos antigos e modernos instrutores herméticos tenham se inclinado a aplicar o Princípio de Correspondência à questão, que dá por resultado a "natureza interna", diz a lenda que Hermes, o Grande, quando alguns de seus alunos mais avançados lhe fizeram esse questionamento, ele pressionou os lábios fortemente e não proferiu uma palavra sequer, como se indicasse que não havia resposta. No entanto, também pode ser que quisesse aplicar o axioma de sua filosofia, segundo o qual "os lábios da Sabedoria permanecem fechados, exceto para os 'ouvidos capazes de compreender'", na crença de que nem mesmo seus discípulos mais brilhantes tinham a compreensão necessária que os qualificasse para esse ensinamento. De todo modo, se Hermes era detentor do Segredo, não o comunicou e, pelo menos no que concerne ao mundo, seus lábios estão fechados a esse respeito. E, se Hermes, o Grande, hesitou em falar, quem seria o mortal que ousaria ensiná-lo?

Recordemos, porém: qualquer que seja a resposta deste problema, se é que existe alguma, a verdade é que, "embora seja certo que tudo está no TODO, também é certo que o TODO está em tudo". A proposição, neste ponto, é enfática. E acrescentamos as palavras que concluem a citação: "Aquele que compreende isso devidamente adquiriu grande conhecimento".

CAPÍTULO VIII

OS PLANOS DE CORRESPONDÊNCIA

"Como em cima é embaixo; como embaixo é em cima."

O CAIBALION

O segundo Grande Princípio Hermético encerra a verdade de que existe, entre os diversos planos de manifestação da vida e do ser, uma harmonia, concordância e correspondência. Isso é verdade porque tudo que há no Universo emanou da mesma fonte, e as mesmas leis, princípios e características se aplicam a cada unidade – ou combinação de unidades – de atividade, conforme cada uma manifesta os próprios fenômenos no próprio plano.

Para facilitar a reflexão e o estudo, a Filosofia Hermética considera que o Universo pode ser dividido em três grandes tipos de fenômenos, conhecidos como os Três Grandes Planos:

1. *O Grande Plano Físico;*
2. *O Grande Plano Mental;*
3. *O Grande Plano Espiritual.*

Essas divisões são mais ou menos artificiais e arbitrárias, porque a verdade é que se trata de graus ascendentes na grande escala da vida, sendo o ponto mais baixo o da matéria indiferenciada, e o mais elevado o do Espírito. E, além disso, os diferentes planos se fundem uns nos outros, de maneira que não se pode estabelecer uma divisão nítida entre a parte superior do Plano Físico e a inferior do Plano Mental.

Em síntese, os três grandes planos podem ser considerados três grandes grupos de graus de manifestação da vida. Ainda que o propósito deste livro não nos permita entrar em uma explicação extensa sobre eles, daremos uma descrição geral de cada um.

Para começar, podemos considerar a pergunta formulada com tanta frequência pelo neófito, que deseja saber o significado da palavra *plano,* termo livremente usado, e mal explicado, em muitas obras de ocultismo. Em geral, o questionamento é formulado da seguinte maneira: "Um plano é um lugar que tem dimensões ou é apenas uma condição ou estado?". E respondemos: "Não, não é um lugar, nem uma dimensão comum do espaço; no entanto, é mais que um estado ou condição". Pode ser considerado como tal, mas o estado ou condição é um grau da dimensão em uma escala sujeita a medição. Isso talvez pareça um paradoxo, mas examinemos a questão. Uma "dimensão", como se sabe, "é uma medida em linha reta; relacionada com uma medida". As dimensões comuns do espaço são comprimento, largura e altura, ou talvez comprimento, largura, altura, espessura ou circunferência. No entanto, existe outra dimensão das coisas criadas, ou medida em linha reta, conhecida não só pelos ocultistas como também pelos cientistas, embora estes últimos ainda não tenham lhe dado o nome de "dimensão". Essa nova dimensão – que, a propósito, é alvo de muitas especulações sob o nome de "Quarta Dimensão" – é usada para determinar os graus ou "planos".

Essa quarta dimensão pode ser denominada "Dimensão da Vibração". É um fato bem conhecido pela ciência moderna, assim como pelos hermetistas (os quais encerraram essa verdade em seu terceiro princípio), que "tudo está em movimento, tudo vibra, nada está em repouso". Da mais elevada à mais baixa manifestação, todas as coisas vibram com diferentes intensidades e em diversas direções e maneiras. Os graus de intensidade vibratória constituem os graus de medição na escala de vibrações, ou seja, os graus da Quarta Dimensão, todos os quais formando o que os ocultistas chamam de "planos". Quanto mais elevado é o grau de vibração, mais elevado é o plano, e mais elevada é a manifestação da vida que o ocupa. Sendo assim, embora um plano não seja um lugar, nem um estado ou condição, tem qualidades comuns a ambos. Falaremos mais sobre as vibrações nos próximos capítulos, nos quais estudaremos o Princípio Hermético de Vibração.

Recordemos, no entanto, que os três grandes planos não são divisões concretas dos fenômenos do Universo, e sim meros termos arbitrários usados pelos hermetistas para ajudar na reflexão e no estudo dos diversos graus e formas da atividade e da vida universal. O átomo da matéria, a unidade de força, a mente do homem e o ser do arcanjo são graus de uma mesma escala, e todos são fundamentalmente a mesma coisa. A diferença entre eles é apenas uma questão de grau e de intensidade vibratória: são criações do TODO e só têm existência dentro de sua Mente Infinita.

Os hermetistas subdividem cada um desses três grandes planos em sete planos menores, e estes, por sua vez, em sete subplanos. Tais divisões são mais ou menos arbitrárias, fundindo-se umas nas outras, e só foram adotadas para a conveniência do estudo científico.

O Grande Plano Físico e seus sete planos menores são a divisão que compreende todos os fenômenos do Universo que se referem às coisas, forças e manifestações materiais ou físicas. Inclui todas as formas daquilo que conhecemos como matéria e que chamamos de energia ou força. Devemos recordar, porém, que a Filosofia Hermética não reconhece a matéria como uma coisa em si mesma, ou como se tivesse uma existência separada, ainda que na mente do TODO. A proposição é que a matéria não é mais que uma forma de energia, isto é, energia de uma intensidade vibratória inferior de certo tipo. E, de acordo com isso, os hermetistas classificam a matéria sob o título de energia, atribuindo-lhe três dos sete planos menores do Grande Plano Físico.

Os sete planos menores são os seguintes:

- *O Plano da Matéria (A);*
- *O Plano da Matéria (B);*
- *O Plano da Matéria (C);*
- *O Plano da Substância Etérea;*
- *O Plano da Energia (A);*
- *O Plano da Energia (B);*
- *O Plano da Energia (C).*

O Plano da Matéria (A) compreende as formas materiais sólidas, líquidas e gasosas, como, em geral, o reconhecem os livros sobre física. O Plano da Matéria (B) abrange certas formas mais elevadas e sutis da existência que a ciência moderna só agora começa a conhecer: os fenômenos da matéria radiante, nas suas fases de rádio (entre outras), fazendo parte da subdivisão inferior desse plano menor. O Plano da Matéria (C) inclui formas da matéria mais sutil e tênue, de cuja existência os cientistas atuais nem sequer suspeitam. O Plano da Substância Etérea contém o que a ciência denomina "éter", substância extremamente tênue e de prodigiosa elasticidade, que permeia todo o Espaço Universal e atua como um meio para a transmissão de ondas de energia, como a luz, o calor e a eletricidade. Essa substância etérea forma um elo entre a chamada matéria e a energia, e participa da natureza de ambas. A doutrina hermética afirma que esse plano tem sete subdivisões (assim como os demais planos menores) e que, na realidade, existem sete éteres em vez de um.

Logo acima do Plano da Substância Etérea está o Plano da Energia (A), que compreende as formas de energia que a ciência conhece na atualidade, e suas subdivisões são, respectivamente: Calor, Luz, Magnetismo, Eletricidade, Atração (que inclui gravitação, coesão, afinidade química etc.), bem como várias outras formas de energia que os experimentos científicos revelam, mas que ainda não foram denominadas ou classificadas. No Plano da Energia (B) há sete subdivisões de formas mais elevadas de energia ainda não descobertas pela ciência, chamadas "As Forças Sutis da Natureza", que entram em ação nas manifestações de certos fenômenos mentais, que são possíveis graças a elas. O Plano da Energia (C) inclui sete subdivisões de energia tão organizadas que tem muitas das características da "vida", mas que não é reconhecido pelo homem no estado de desenvolvimento atual, sendo utilizado apenas pelos seres do Planeta Espiritual. Essa energia é inconcebível para o homem comum e pode ser considerada quase "poder divino". Os seres que a empregam são como deuses, se comparados até mesmo com os tipos humanos mais elevados que conhecemos.

O Grande Plano Mental abrange as formas de coisas vivas que conhecemos na vida cotidiana, assim como outras com as quais não somos tão familiarizados, exceto pelos ocultistas. A classificação dos sete planos mentais menores é mais ou menos satisfatória e arbitrária (a não ser que fosse acompanhada de explicações complicadas que fogem ao propósito deste livro), mas a mencionaremos:

- *O Plano da Mente Mineral;*
- *O Plano da Mente Elemental (A);*
- *O Plano da Mente Vegetal;*
- *O Plano da Mente Elemental (B);*
- *O Plano da Mente Animal;*

- *O Plano da Mente Elemental (C);*
- *O Plano da Mente Humana.*

O Plano da Mente Mineral compreende os estados ou condições das unidades ou entidades – ou os grupos e combinações destas – que animam as formas conhecidas pelo nome de minerais, substâncias químicas etc. Essas entidades não devem ser confundidas com moléculas, átomos e corpúsculos, sendo estes últimos apenas as formas ou os corpos materiais de tais entidades, assim como o corpo do homem nada mais é que sua forma material, e não ele mesmo. Essas entidades podem ser chamadas de "almas" em certo sentido, e são seres vivos de baixo grau de desenvolvimento, vida e mente, apenas um pouco mais que as unidades de "energia viva" que compreendem as subdivisões superiores do plano físico mais elevado. O homem de hoje não costuma atribuir mente, alma ou vida ao reino mineral, mas todos os ocultistas reconhecem sua existência, e a ciência moderna está caminhando rapidamente para esse ponto de vista. Moléculas, átomos e corpúsculos têm seus ódios e amores, agrados e desagrados, atrações e repulsas, afinidades e diferenças, e algumas das mentes científicas modernas mais ousadas expressaram a opinião de que o desejo e a vontade, as emoções e os sentimentos dos átomos só diferem dos do homem em grau. Não temos tempo ou espaço para discutir o assunto aqui. Todos os ocultistas sabem que isso é um fato, e outros se referem às descobertas científicas mais recentes para que se veja sua corroboração. Este plano tem as sete subdivisões habituais.

O Plano da Mente Elemental (A) contém o estado ou condição e o grau de desenvolvimento mental e vital de uma classe de entidades que os homens comuns desconhecem, mas que são reconhecidas pelos ocultistas. São invisíveis para os sentidos ordinários do homem, mas existem e desempenham seu papel no Drama do Universo. Seu grau de inteligência é intermediário entre as entidades minerais e químicas, por um lado, e as entidades do reino vegetal, por outro. Há sete subdivisões neste plano também.

No Plano da Mente Vegetal, em suas sete subdivisões, há estados ou condições das entidades que englobam os reinos do mundo vegetal, cujos fenômenos mentais e vitais são, em geral, bem conhecidos. Foram escritas muitas obras científicas interessantes acerca da mente e da vida nas plantas. Os vegetais têm vida, mente e alma, assim como os animais, o homem e o super-homem.

No Plano da Mente Elemental (B), em suas sete subdivisões, existem os estados e condições de uma forma mais elevada de entidades invisíveis ou "elementais", que desempenham seu papel na obra geral do Universo, e cuja mente e vida formam parte da escala entre o Plano da Mente Vegetal e o Plano da Mente Animal, com tais unidades participando da natureza de ambos.

O Plano da Mente Animal, em suas sete subdivisões, compreende os estados e as condições das entidades, seres ou almas que animam as formas de vida animal, que são familiares a todos. Não é necessário entrar em detalhes sobre esse reino ou plano de vida, porque o mundo animal nos é tão familiar como o nosso.

O Plano da Mente Elemental (C), em suas sete subdivisões, abrange as entidades ou seres invisíveis que participam da natureza da vida animal e humana em determinado grau e em certas combinações. Suas formas mais elevadas são semi-humanas em inteligência.

O Plano da Mente Humana, em suas sete subdivisões, contém as manifestações da vida e mentalidade comuns ao homem em seus vários graus e divisões. Neste ponto, gostaríamos de destacar o fato de que o homem de hoje ocupa a quarta subdivisão do Plano da Mente Humana, e só os mais inteligentes atravessaram as fronteiras da quinta subdivisão. A raça humana levou milhões de anos para alcançar esse estágio e tardará muitos mais em chegar à sexta e à sétima subdivisões e além. No entanto, devemos recordar que raças anteriores à nossa passaram por esses graus e foram além deles. Nossa raça é a quinta (com retardatários da quarta) a trilhar o Caminho. E existem algumas almas avançadas que superaram as massas e chegaram à sexta e à sétima subdivisões; e poucas foram até mesmo além. O homem da sexta subdivisão será o super-homem; o da sétima, o ultra-homem.

Ao considerar os sete planos mentais menores, nos referimos aos três planos elementais num sentido geral. Não desejamos entrar em mais detalhes nesta obra, porque o assunto não pertence a esta parte da filosofia e dos ensinamentos gerais. No entanto, queríamos dar uma ideia um pouco mais clara das relações desses planos com aqueles com os quais estamos mais familiarizados. Os Planos Elementais guardam a mesma relação – em mentalidade e vida – com os planos Mineral, Vegetal, Animal e Humano que as teclas negras de um piano com as brancas. As teclas brancas bastam para produzir música, mas há certas escalas, melodias e harmonias em que as teclas negras desempenham seu papel e em que sua presença é necessária. Eles também são essenciais como elos nas condições anímicas, estados de ser etc. entre os vários outros planos, alcançando-se, assim, certas formas e desenvolvimento. E esse fato dará ao leitor capaz de ler nas entrelinhas uma nova luz sobre os processos de evolução e uma nova chave para a porta secreta dos "saltos de vida" entre reino e reino. Todos os ocultistas conhecem perfeitamente esses grandes reinos elementais, e as obras esotéricas estão cheias de alusões a eles. Quem leu *Zanoni*, de Bulwer Lytton, e outras lendas similares, reconhecerá as entidades que habitam esses planos de vida.

Passando do Grande Plano Mental ao Grande Plano Espiritual, o que podemos dizer? Como explicar esses elevados estados do ser, da vida e da mente àqueles ainda incapazes de compreender as subdivisões mais elevadas do Plano da Mente Humana? Essa tarefa é impossível. Só podemos falar em termos mais gerais. Como se poderia descrever a luz a um homem que nasceu cego? Como explicar o açúcar a quem nunca provou algo doce? Como falar de harmonia a um surdo?

Tudo que podemos afirmar é que os sete planos menores do Grande Plano Espiritual (cada um dos quais tem as sete subdivisões usuais) compreendem seres que têm forma, mente e vida tão superiores às do homem de hoje quanto este em relação à minhoca, ao mineral ou mesmo a certas formas de energia ou matéria. A vida desses seres transcende tanto a nossa que nem sequer podemos pensar em seus detalhes. Sua mente transcende tanto a nossa que, para eles, mal parecemos "pensar", e nossos processos mentais lhes são quase similares a processos materiais. A matéria de que são formados é do plano mais elevado da matéria, e alguns deles estão envoltos em pura energia. O que se poderia dizer sobre tais seres?

Nos sete planos menores do Grande Plano Espiritual, existem seres de quem falamos, como Anjos, Arcanjos ou Semideuses. Nos planos menores inferiores vivem aqueles a quem damos o nome de Mestres e Adeptos. Acima deles estão as Grandes Hierarquias das Hostes Angelicais, inconcebíveis para o homem, e acima delas aqueles que, sem irreverência, poderiam ser chamados de Deuses, de tão elevados que se encontram na escala do ser; seu ser, poder e inteligência são similares aos atribuídos pelas raças humanas às suas concepções de Deidade. Esses homens estão além de tudo que se possa imaginar, e a palavra *Divino* é a única que poderia se aplicar a eles. Muitos desses seres, inclusive as Hostes Angelicais, têm o maior interesse pelos assuntos do Universo e desempenham um papel importantíssimo em seus processos. Essas Auxiliares Angelicais e Divindades Invisíveis exercem, livremente, grande influência na obra da evolução e do progresso cósmico. Sua ajuda e intervenção ocasional nos assuntos humanos deram origem a muitas lendas, crenças, religiões e tradições das raças passadas e atuais. Elas impuseram seu conhecimento e poder ao mundo repetidas vezes, tudo sob a Lei do TODO.

No entanto, mesmo esses seres elevadíssimos só existem como criações da – e na – mente do TODO e estão sujeitos aos processos cósmicos e às leis universais. Ainda são mortais. Podemos chamá-los de "deuses", se quisermos, mas são apenas nossos irmãos mais velhos: as almas avançadas que superaram suas companheiras e que renunciaram ao êxtase da absorção no TODO a fim de ajudar a raça humana em sua jornada ascendente no Caminho. No entanto, pertencem ao Universo e estão sujeitas às suas condições – são mortais –, e seu plano é inferior ao do Espírito Absoluto.

Apenas os hermetistas mais avançados são capazes de compreender os ensinamentos secretos concernentes ao estado de existência e aos poderes manifestados nos planos espirituais. Os fenômenos são tão superiores ao que se produz nos Planos Mentais que qualquer tentativa de descrevê-los resultará em uma confusão de ideias. Apenas aqueles cuja mente foi educada na Filosofia Hermética de modo cuidadoso por anos a fio – sim, os que trouxeram consigo, de encarnações anteriores, o conhecimento adquirido antes – podem compreender de maneira adequada o que significam os ensinamentos referentes aos planos espirituais. E os hermetistas guardam com cuidado muitos desses ensinamentos secretos, por considerá-los sagrados, importantes e até perigosos demais para serem divulgados publicamente. O estudante inteligente compreenderá o que queremos dizer quando afirmamos que a definição da palavra *Espírito*, tal como a usam os hermetistas, é sinônimo de "poder vivo", força animada, essência interna, essência vital, um significado que não deve ser confundido com o que, em geral, se atribui ao termo em questão: "religioso; eclesiástico; espiritual; etéreo; santo". O ocultista usa o vocábulo *Espírito* no sentido de "princípio animador", levando em si a ideia de poder, energia viva, força mística. E os ocultistas sabem muito bem que o que conhecem como poder espiritual pode ser usado para o bem ou para o mal (de acordo com o Princípio de Polaridade), um fato reconhecido pela maioria das religiões em suas concepções de Satanás, Belzebu, Diabo, Lúcifer, Anjos Caídos, entre outras. Por essa razão, o conhecimento acerca desses planos foi mantido em segredo no Santuário dos Santuários de todas as fraternidades esotéricas e ordens ocultas. Foi guardado na mais secreta câmara do Templo. No entanto – e isso, sim, podemos dizer –, aqueles que alcançaram grandes poderes espirituais e os utilizaram mal têm um destino terrível à sua espera, e a oscilação do pêndulo do Ritmo inevitavelmente os levará ao outro extremo da existência material, de cujo ponto terão de refazer o percurso de ascensão rumo ao Espírito, ao longo das múltiplas espirais do Caminho. Sempre, porém, terão como castigo a lembrança persistente dos cumes de onde caíram devido às suas más ações. As lendas sobre os Anjos Caídos têm uma base real, como sabem todos os ocultistas avançados. A luta pelo poder egoísta nos planos espirituais inevitavelmente faz a alma egoísta perder seu equilíbrio espiritual e cair na mesma medida em que havia ascendido. Entretanto, mesmo a essas almas se apresenta a oportunidade de um retorno, e elas fazem a jornada de volta pagando a terrível penalidade de acordo com a invariável Lei.

Para concluir, recordemos que, conforme o Princípio de Correspondência, que encerra a verdade de que "como em cima é embaixo; como embaixo é em cima", todos os sete Princípios Herméticos estão em plena operação nos diversos planos: físico, mental e espiritual. O Princípio da Substância Mental se aplica, como se sabe, a todos os planos, porque estão na mente do TODO. O Princípio de Correspondência se manifesta em todos, pois há correspondência, harmonia e concordância entre os vários planos. O Princípio de Vibração se manifesta também em todos os planos; de fato, como já explicamos, as diferenças que os constituem são consequência da vibração. O Princípio de Polaridade se apresenta em cada plano, e os extremos ou polos são aparentemente opostos e contraditórios. O Princípio do Ritmo se evidencia em cada plano, e os movimentos dos fenômenos têm seu fluxo e refluxo, ascenso e descenso, entrada e saída. O Princípio de Causa e Efeito se revela em cada plano, tendo todo efeito sua causa, e toda causa, seu efeito. O Princípio de Geração também se manifesta em cada plano: a energia criadora sempre se expressa e opera mediante os aspectos masculino e feminino.

"Como em cima é embaixo; como embaixo é em cima." Os milenares axiomas herméticos encerram os grandes princípios dos fenômenos universais. Ao considerarmos os princípios restantes, veremos com cada vez mais clareza a verdade da natureza universal deste grande Princípio de Correspondência.

CAPÍTULO IX

VIBRAÇÃO

"Nada está em repouso, tudo se move; tudo vibra."

O CAIBALION

O terceiro Grande Princípio Hermético – o de Vibração – encerra a verdade de que o movimento se manifesta em todo o Universo. Nada está em repouso; tudo se move, vibra e circula. Este princípio hermético foi reconhecido por alguns dos primeiros filósofos gregos, que o expuseram em seus sistemas; depois, porém, fora dos círculos herméticos, caiu no esquecimento por séculos. No século 19, a ciência física o redescobriu, e as descobertas científicas do século 20 corroboraram essa verdade sustentada pela antiquíssima Filosofia Hermética.

A doutrina hermética afirma não só que tudo está em movimento constante, mas também que as diferenças entre as diversas manifestações do poder universal devem-se aos distintos modos e intensidades vibratórias. E não só isso: o próprio TODO manifesta uma vibração constante de tal infinita intensidade e rapidez que praticamente podemos considerar como se estivesse em repouso. Os instrutores chamam a atenção do aluno para o fato de que, mesmo no plano físico, um objeto que gira com rapidez – uma roda, por exemplo – parece estar imóvel. O espírito é um dos polos da vibração, sendo o outro polo constituído de formas de matéria extremamente densas. Entre ambos os polos há milhões de diferentes intensidades e modos de vibração.

A ciência moderna comprovou que tudo que chamamos de matéria e energia não passa de "modos de movimento vibratório", e alguns dos cientistas mais avançados estão rapidamente adotando o ponto de vista dos ocultistas, que, de igual maneira, concebem os fenômenos da mente como modos de vibração ou movimento. Agora, vejamos o que a ciência tem a dizer sobre as vibrações na matéria e na energia.

Em primeiro lugar, a ciência afirma que toda matéria manifesta, em algum grau, as vibrações produzidas pela temperatura ou pelo calor. Esteja um objeto frio ou quente (ambos são apenas graus da mesma coisa), manifesta certas vibrações calóricas e, nesse sentido, está em movimento e em vibração. Todas as partículas de matéria estão em movimento circular, dos corpúsculos aos sóis. Os planetas giram em torno de um sol, e muitos deles também giram em seu próprio eixo. Os sóis, por sua vez, giram ao redor de pontos centrais maiores, e acredita-se que estes o façam em volta de outros ainda maiores, e assim sucessivamente *ad infinitum*. As moléculas que compõem qualquer tipo de matéria estão em estado de constante vibração, movendo-se umas em torno das outras e umas contra as outras. Elas são compostas de átomos, os quais também se encontram em constante movimento e vibração. Os átomos são compostos de corpúsculos, chamados "elétrons", "íons", os quais também estão em estado de rápido movimento, girando uns em torno dos outros com diversas intensidades e modalidades vibratórias. Vemos, portanto, que toda matéria manifesta vibração, de acordo com o princípio hermético correspondente.

E o mesmo também ocorre com as diversas formas de energia. A ciência diz que a luz, o calor, o magnetismo e a eletricidade não passam de formas de movimento vibratório relacionado de alguma maneira com o éter, e provavelmente emanando dele. A ciência ainda não tratou de explicar a natureza do fenômeno conhecido como coesão, que é o Princípio da Atração Molecular; nem da Afinidade Química, que é o Princípio da Atração Atômica; nem da Gravitação (o maior mistério dos três), que é o Princípio de Atração, de acordo com o qual toda partícula ou massa de matéria é atraída por qualquer outra partícula ou massa. Essas três modalidades de energia ainda não são compreendidas pela ciência, embora os estudiosos tendam a pensar que são também manifestações de alguma forma de energia vibratória, um fato que os hermetistas afirmam e ensinam há séculos.

O éter universal – cuja existência a ciência postula sem compreender sua natureza – é, segundo os hermetistas, uma manifestação superior daquilo chamado erroneamente de matéria, isto é, matéria em um grau de vibração superior. Os hermetistas o denominaram Substância Etérea, afirmando que é extremamente tênue e elástico e preenche o espaço universal, servindo de meio de transmissão para as ondas de energia vibratória, como calor, luz, eletricidade, magnetismo. A doutrina hermética ensina que a substância etérea é o que conecta a modalidade de energia vibratória que conhecemos como "matéria", por um lado, à que conhecemos como "energia ou força", por outro; e que, além disso, manifesta um grau de vibração, em intensidade e modo, completamente próprio.

Para explicar os efeitos do aumento de vibração, os cientistas usam o exemplo de uma roda ou cilindro que gira com rapidez. Suponhamos, primeiro, que a roda gire devagar – chamemo-la "objeto". Se o objeto gira devagar, podemos vê-lo facilmente, mas não ouvimos som algum. Aumentando de maneira gradual a velocidade, em poucos instantes a roda gira tão rápido que começamos a escutar uma nota muito baixa e grave. Conforme acelera, a nota vai se elevando na escala musical; e assim vão se distinguindo umas das outras. Uma após outra, todas as notas da escala musical aparecem, elevando-se cada vez mais à medida que a velocidade aumenta. Por fim, quando o movimento atinge certo limite, chega-se à última nota perceptível pelo ouvido humano; o som agudo e penetrante desaparece, e segue-se o silêncio. Já nada se ouve, pois a intensidade do movimento é tão alta que o ouvido humano não é capaz de registrar suas vibrações. Então, vem a percepção de graus sucessivos de calor. Depois de um tempo, o olho começa a notar uma cor vermelho escuro, a qual vai se tornando cada vez mais brilhante. Se a velocidade continua aumentando, o vermelho se transforma em laranja, e o laranja, em amarelo. Depois, seguem-se, sucessivamente, tons de verde, azul, anil e, por fim, violeta. Então, este último desaparece, e todas as outras cores, porque o olho humano já não é capaz de registrá-las. No entanto, há raios invisíveis emanando do objeto em revolução: os raios que se usam na fotografia e outros raios de luz sutis. Na sequência, começam a se manifestar os raios conhecidos como "raios X", conforme muda a constituição dos objetos. Ao se atingir a velocidade apropriada de vibração, emitem-se eletricidade e magnetismo.

Quando o objeto alcança certo grau de vibração, suas moléculas se desintegram, decompondo-se em seus elementos originais ou átomos. Depois, os átomos, segundo o Princípio de Vibração, separam-se nos inúmeros corpúsculos ou elétrons dos quais são compostos. E, por fim, até os corpúsculos desaparecem, e pode-se dizer que o objeto é composto da substância etérea. A ciência não se atreve a prosseguir com o exemplo, mas os hermetistas dizem que, se as vibrações continuassem aumentando, o objeto passaria por sucessivos estados de manifestação superiores, chegando ao plano mental e então ao espiritual, até ser, por fim, absorvido pelo TODO, que é o Espírito Absoluto. O "objeto", no entanto, teria deixado de sê-lo muito antes de chegar ao estágio da substância etérea. De todo modo, a ilustração é correta no que concerne a demonstrar os efeitos do aumento contínuo da intensidade vibratória. Deve-se recordar que, no exemplo anterior, nos estágios em que o objeto irradia cor, luz etc., este ainda não está "decomposto" efetivamente nessas formas de energia (que estão em um grau muito mais elevado), mas chega a um grau de vibração no qual essas energias se libertam, até certo ponto, das limitadoras influências de moléculas, átomos e corpúsculos. Essas formas de energia, embora muito superiores à matéria na escala, estão aprisionadas e confinadas em combinações materiais em razão das forças que se manifestam por meio delas; além do mais, usam formas materiais e, dessa maneira, confinam-se em suas criações corpóreas, o que, até certo ponto, ocorre em toda criação, de modo que a força criadora é envolvida na própria criação.

Os ensinamentos herméticos, porém, vão muito além dos da ciência moderna, afirmando que toda manifestação de pensamento, emoção, razão, vontade, desejo ou qualquer outro estado mental é acompanhada de vibrações, parte das quais são emanadas ao exterior e tendem a afetar a mente dos demais por "indução". Esta é a causa da telepatia, da influência mental e de outros efeitos do poder de uma mente sobre outra, o que vem se tornando uma questão de conhecimento público, devido à grande quantidade de obras de ocultismo que discípulos e instrutores estão publicando sobre o assunto.

Cada pensamento, emoção ou estado mental tem sua intensidade e modalidade vibratórias correspondentes. E, por um esforço da vontade da pessoa ou de outras, esses estados mentais podem ser reproduzidos, assim como uma nota musical pode ser reproduzida fazendo um instrumento vibrar a certa intensidade, ou como podemos fazê-lo com uma cor qualquer. Conhecendo o Princípio de Vibração, aplicado aos fenômenos mentais, o indivíduo polariza a mente no grau em que quer, obtendo assim o domínio perfeito e controle sobre os próprios estados mentais, estados de ânimo etc. Da mesma maneira, ele será capaz de afetar a mente de outros, produzindo neles os estados mentais desejados. Em síntese, produz no Plano Mental o que a ciência produz no Plano Físico, isto é, "Vibrações à Vontade". Esse poder só pode ser adquirido mediante instruções, exercícios e práticas apropriadas, e a ciência que as ensina é a da "transmutação mental", um dos ramos da Filosofia Hermética.

Uma breve reflexão sobre o que dissemos mostrará que o Princípio de Vibração está por trás dos maravilhosos fenômenos do poder manifestado pelos Mestres e Adeptos, que aparentemente são capazes de iludir as leis da Natureza, mas, na realidade, não fazem mais que usar uma lei contra outras, um princípio contra outros, e chegam a seus resultados modificando as vibrações dos objetos materiais ou das formas de energia, realizando assim o que costumamos chamar de "milagres".

Como disse um dos antigos escritores herméticos: "Aquele que tenha compreendido o Princípio de Vibração alcançou o centro do Poder".

CAPÍTULO X

POLARIDADE

"Tudo é dual; tudo tem dois polos; tudo tem seu par de opostos; os semelhantes e os antagônicos são a mesma coisa; os opostos são idênticos em natureza, mas diferentes em grau; os extremos se tocam; todas as verdades são meias-verdades; todos os paradoxos podem reconciliar-se."

O CAIBALION

O quarto Grande Princípio Hermético – o de Polaridade – encerra a verdade de que todas as coisas manifestadas têm dois lados, dois aspectos, dois polos: um par de opostos com inumeráveis graus entre ambos os extremos. Os antigos paradoxos, apesar de confundirem a mente dos indivíduos, são explicados ao se compreender este princípio – e o homem, que sempre reconheceu algo semelhante a ele, tratou de expressá-lo com ditados, máximas ou aforismas como os seguintes: "Tudo é e não é ao mesmo tempo"; "Todas as verdades são apenas meias-verdades"; "Toda verdade é meio falsa"; "Todas as coisas têm dois lados", "Sempre há um reverso para cada anverso".

A doutrina hermética afirma que a diferença existente entre coisas diametralmente opostas em aparência é só uma questão de grau. E ensina que "todo par de opostos pode reconciliar-se", que "a tese e a antítese são idênticas em natureza, diferindo apenas em grau" e que a conciliação universal dos opostos é alcançada reconhecendo este Princípio de Polaridade. Exemplos podem ser encontrados em toda parte após um exame da real natureza das coisas. O espírito e a matéria nada mais são do que polos das mesmas coisas, e os planos intermediários são questão de graus vibratórios. O TODO e os muitos referem-se à mesma coisa, cuja diferença reside apenas no grau de manifestação mental. A LEI e as leis, portanto, são os polos de uma mesma coisa, assim como o PRINCÍPIO e os princípios, a MENTE infinita e a mente finita.

Se passamos ao plano físico, vemos que o calor e o frio são de natureza idêntica e que a diferença é uma simples questão de grau. O termômetro indica os graus de temperatura; o polo inferior é chamado de "frio", e o superior, de "calor". Entre ambos, há muitos graus de calor e de frio, e qualquer nome dado a eles é correto. Ao considerarmos dois graus, o superior é sempre mais quente, ao passo que o inferior é sempre mais frio. Não existe um padrão absoluto: tudo é questão de grau. Não há nenhum lugar no termômetro onde cessa o calor e começa o frio; trata-se de vibrações mais elevadas ou mais baixas. Os próprios termos *elevado* e *baixo*, que nos vemos obrigados a usar, são polos da mesma coisa: são termos relativos. O mesmo acontece com "leste" e "oeste".

Se viajarmos ao redor do mundo em direção ao Oriente, chegaremos ao Ocidente: o ponto de partida. Marchemos o suficiente para o norte e logo nos encontraremos viajando para o sul, e vice-versa.

A luz e a escuridão são polos da mesma coisa, com muitos graus entre ambas. A escala musical também. Partindo do Si, subiremos na escala até encontrar outro Si e assim sucessivamente, e as diferenças entre os extremos também são questão de grau. Na escala cromática acontece algo semelhante: a intensidade vibratória é a única diferença que existe entre o vermelho e o violeta. Grande e pequeno são relativos, como também o são barulho e silêncio, duro e mole, agudo e obtuso. Positivo e negativo são dois polos de uma mesma coisa, com inumeráveis gradações entre eles.

Bom e mau não são absolutos; chamamos "bom" a um extremo da escala e "mau" a outro; ou "bem" a um e "mal" a outro, de acordo com o sentido que lhe queiramos dar. Uma coisa é "menos boa" do que aquela que lhe é superior na escala, mas essa coisa "menos boa", por sua vez, é "mais boa" do que a que vem abaixo dela, e assim por diante; o "mais ou menos" é regulado pela posição na escala.

O mesmo acontece no plano mental. O amor e o ódio são considerados diametralmente opostos, diferentes e irreconciliáveis, mas, se aplicamos o Princípio de Polaridade, vemos que não existem amor ou ódio absolutos, diferentes um do outro. Ambos são apenas termos aplicados aos dois polos da mesma coisa. Começando em qualquer ponto da escala, encontramos "mais amor" ou "menos ódio", se ascendemos nela, e "mais ódio" ou "menos amor", se descendemos, e isso é certo independentemente do ponto, alto ou baixo, que tomemos como partida. Há graus de amor e de ódio, bem como um ponto médio em que o agrado e o desagrado se misturam de tal forma que é impossível distingui-los. A mesma regra é válida para a coragem e o medo. Os pares de opostos existem em toda parte; onde encontramos uma coisa, encontraremos também seu oposto: os dois polos.

Esse fato é o que permite ao hermetista transmutar um estado mental em outro, de acordo com a polarização. Coisas de tipos diferentes não podem transmutar-se umas em outras, mas coisas do mesmo tipo, sim. Desse modo, o amor não se transforma em leste ou oeste, ou em vermelho ou violeta, mas, sim, em ódio – e este, por sua vez, em amor (mudando sua polaridade). A coragem pode transmutar-se em medo e vice-versa. Coisas duras podem tornar-se moles; coisas agudas, obtusas; coisas quentes, frias; e assim sucessivamente, efetuando-se sempre a transmutação entre algo do mesmo tipo, mas de grau diferente.

Consideremos um homem covarde. Ao elevar suas vibrações mentais ao longo da linha Medo-Coragem, ele se encherá do mais alto grau de coragem e destemor. E o preguiçoso pode tornar-se ativo e enérgico polarizando-se conforme a qualidade desejada.

Os discípulos familiarizados com os processos pelos quais as diversas escolas de ciência mental produzem mudanças nos estados mentais daqueles que seguem seus ensinamentos talvez não compreendam facilmente o princípio que se oculta por trás de muitas dessas mudanças. Entretanto, uma vez que se tenha entendido o Princípio de Polaridade e que se tenha observado que essas mudanças mentais são ocasionadas por uma alteração de polaridade – um deslizamento ao longo da mesma escala –, isso é percebido prontamente. Não se trata da transmutação de uma coisa em outra diferente, e sim de uma mudança de grau nas mesmas coisas, uma diferença importantíssima. Por exemplo, usando uma analogia do plano físico, é impossível transmutar o calor em algo agudo, ruidoso, alto, mas pode ser facilmente transmutado em frio, bastando para isso diminuir as vibrações. Da mesma maneira, o ódio e o amor são reciprocamente transmutáveis, assim como o medo e a coragem. No entanto, o medo não pode se transformar em amor, nem a coragem em ódio. Os estados mentais pertencem a inúmeras classes, e cada uma delas tem seus polos opostos, ao longo dos quais a transmutação é possível.

O estudante compreenderá com facilidade que, tanto nos estados mentais quanto nos fenômenos do plano físico, os dois polos podem ser classificados como positivo e negativo, respectivamente. Assim, o amor é positivo em relação ao ódio; a coragem, em relação ao medo; a atividade, em relação à inércia etc. Além disso, notará que, mesmo para aqueles que desconhecem o Princípio de Vibração, o polo positivo parece ser de grau superior ao negativo, dominando-o prontamente. A tendência da Natureza é em direção à atividade dominante do polo positivo.

Além da mudança dos polos dos próprios estados mentais por meio da arte da polarização, os fenômenos da influência mental, em suas múltiplas fases, demonstram que o princípio pode se estender até abarcar os fenômenos da influência de uma mente sobre outra; muito se escreveu e se ensinou sobre isso nos últimos anos. Quando se compreende que a indução mental é possível – isto é, que os estados mentais podem ser produzidos por indução dos demais –, fica claro como certa intensidade de vibração, ou polarização de determinado estado mental, pode ser comunicada a outra pessoa, mudando, assim, a polaridade desse indivíduo nesse tipo de estado mental. Os resultados de muitos dos "tratamentos mentais" são obtidos segundo este princípio. Por exemplo, uma pessoa está triste, melancólica e temerosa. Um cientista da mente eleva a própria mente ao grau de vibração desejado – mediante sua vontade, já exercitada – e, dessa maneira, obtém a polarização almejada em si mesmo; então, por indução, produz um estado mental similar na outra pessoa. Como resultado, as vibrações dela se intensificam e ela se polariza rumo ao polo positivo da escala, em vez de polarizar-se em direção ao negativo; desse modo, seus temores e outros sentimentos negativos são transmutados em coragem e em estados mentais positivos. Um pouco de reflexão sobre o assunto demonstrará que quase todas essas mudanças mentais são efetuadas ao longo das linhas de polarização, e a mudança é de grau, e não de tipo.

O conhecimento deste grande princípio hermético permitirá ao estudante compreender melhor os próprios estados mentais, assim como os de outras pessoas. Ele verá que são puramente questão de grau e, ao comprovar isso, será capaz de aumentar ou diminuir as próprias vibrações à vontade, mudando sua polaridade e tornando-se senhor de seus estados mentais, em vez de seu servo e escravo. Com esse conhecimento, terá a habilidade de ajudar a outros de maneira inteligente e, pelos métodos adequados, mudar a polaridade quando isso for desejável. É muito conveniente familiarizar-se com este princípio, porque sua compreensão correta lançará luz a muitos problemas difíceis e obscuros.

CAPÍTULO XI

RITMO

"Tudo flui e reflui; tudo tem seus avanços e retrocessos, tudo ascende e descende; tudo se move como um pêndulo; a medida de seu movimento para a direita é a mesma que a de seu movimento para a esquerda, o ritmo é a compensação."

O CAIBALION

O quinto Grande Princípio Hermético – o do Ritmo – encerra a verdade de que em tudo se manifesta uma oscilação medida, um movimento de ida e volta semelhante ao do pêndulo, um fluxo e refluxo, uma variação para a frente e para trás, uma maré que sobe e desce, apresentando-se sempre, entre os dois polos, os planos físico, mental e espiritual. O Princípio do Ritmo está estritamente relacionado ao de Polaridade, descrito no capítulo anterior, que estabelece entre dois polos o ritmo manifestado. Isso não significa, no entanto, que a oscilação rítmica vá até os extremos de cada polo, pois é raro que isso aconteça; na realidade, é muito difícil estabelecer os opostos polares na maioria dos casos. No entanto, a oscilação é sempre "em direção" primeiro a um polo e depois ao outro.

Sempre há uma ação e uma reação, um avanço e um retrocesso, uma ascensão e uma queda manifestando-se em todas as coisas e em todos os fenômenos do Universo. Sóis, mundos, homens, animais, vegetais, minerais, forças, energia, mente e matéria e até o próprio espírito expressam este princípio, o qual se manifesta na criação e destruição dos mundos; na ascensão e queda das nações; na história da vida de todas as coisas; e, finalmente, nos estados mentais do homem.

Começando com as manifestações do Espírito – o TODO –, veremos que sempre há emanação seguida de absorção, "a exalação e a inalação de Brahma", como dizem os brâmanes. Os universos são criados, alcançam o ponto mais baixo de materialidade e começam a oscilação de volta. Os sóis nascem e, então, tendo alcançado o cume de seu poder, tem início o processo de retrocesso; depois de incontáveis eras, convertem-se em massas de matéria morta, esperando outro impulso que lhes dê novas energias internas e os leve a um novo ciclo de vida solar. E assim acontece com todos os mundos (que nascem, crescem e morrem, para então renascerem), com todas as coisas de corpo ou forma (que oscilam da ação à reação, do nascimento à morte, da atividade à inatividade; e o ciclo recomeça) e com todos os grandes movimentos, filosofias, credos, modas, governos, nações e tudo o mais (que nascem, crescem, amadurecem, decaem, morrem e voltam a nascer). A oscilação do pêndulo está sempre em evidência.

A noite sucede ao dia, e o dia, à noite. O pêndulo oscila do verão ao inverno e deste àquele. Os corpúsculos, átomos, moléculas e todas as massas de matéria oscilam em torno do círculo de sua natureza. Não há repouso absoluto ou cessação de movimento.

Todo movimento participa do Ritmo. Este princípio é de aplicação universal e pode ser empregado a qualquer questão ou fenômeno dos muitos planos da vida, bem como a todas as fases da atividade humana. Sempre existe a oscilação rítmica de um polo a outro; o pêndulo universal está em movimento constante; as marés da vida fluem e refluem de acordo com a Lei.

A ciência moderna reconhece o Princípio do Ritmo e o considera de aplicação universal no que se refere às coisas materiais. Os hermetistas, contudo, o levam muito além e sabem que suas manifestações se estendem às atividades mentais do homem, e que ele, por si só, explica a grande sucessão de estados de ânimo, sentimentos e outras mudanças incômodas e perturbadoras que notamos em nós mesmos. E os hermetistas, ao estudarem a operação deste princípio, descobriram como escapar a algumas de suas atividades por meio da transmutação.

Os Mestres Hermetistas há muito descobriram que, embora o Princípio do Ritmo fosse invariável e sempre evidente nos fenômenos mentais, existiam dois planos de manifestação no que concernia aos fenômenos mentais. Descobriram que dois eram os planos gerais de consciência, o Inferior e o Superior, e a compreensão desse fato lhes permitiu elevar-se ao plano superior, escapando à oscilação do pêndulo rítmico, que se manifestava no plano inferior. Em outras palavras, a oscilação do pêndulo ocorria no plano inconsciente e a consciência não era afetada. Essa lei é chamada de Lei da Neutralização, cuja operação consiste em elevar o ego acima das vibrações do plano inconsciente da atividade mental, de maneira que a oscilação negativa do pêndulo não se manifeste na consciência e o indivíduo não seja afetado por ela. Isso equivale a se elevar acima de uma coisa e deixar que ela passe por baixo de você. O Mestre Hermetista, ou o discípulo avançado, polariza a si mesmo no polo desejado; e, por um processo semelhante a "recusar-se" a participar da oscilação retrógrada – ou, se se preferir, a "negar" sua influência sobre ele –, mantém-se firmemente em sua posição polarizada, permitindo ao pêndulo mental oscilar para trás no plano inconsciente. Todos os indivíduos que, em maior ou menor grau, adquiriram certo domínio de si mesmos realizam isso de maneira mais ou menos consciente e, recusando-se a permitir que seus estados de ânimo ou estados mentais negativos os afetem, aplicam a lei da neutralização. O Mestre, no entanto, leva isso a um grau muito maior de proficiência e, mediante sua vontade, chega a um grau de equilíbrio e firmeza mental quase impossível de ser concebido por aqueles que se deixam levar e trazer pelo pêndulo mental de seus sentimentos e estados de ânimo.

A importância do assunto será apreciada por todo aquele capaz de perceber que a maioria das pessoas é escrava dos próprios estados de ânimo, sentimentos e emoções, e tem pouco domínio de si. Se refletirmos por um instante, compreenderemos quanto essas oscilações do ritmo afetam nossa vida; como um período de entusiasmo é seguido invariavelmente por um período de depressão.

Da mesma maneira, temos períodos de coragem, que são acompanhados de momentos de medo. Isso acontece com a maioria de nós: sempre estivemos sujeitos aos altos e baixos das marés de sentimentos e emoções, mas nunca suspeitamos da causa dos fenômenos mentais. Aquele que compreenda o funcionamento deste princípio obterá a chave para dominar essas oscilações rítmicas dos sentimentos e poderá conhecer melhor a si mesmo, evitando deixar-se levar por esses fluxos e refluxos. A vontade é superior à manifestação consciente deste princípio, embora o princípio em si nunca possa ser destruído. Poderemos escapar a seus efeitos, mas ele continuará atuando. O pêndulo sempre oscila, ainda que possamos evitar ser arrastados por ele.

Existem, também, outras particularidades no funcionamento do Princípio do Ritmo, sobre as quais falaremos agora. Em suas operações, entra aquilo que se conhece como lei de compensação. Uma das definições ou significados da palavra *compensa*ção é "contrabalançar", "equilibrar", e é nesse sentido que os hermetistas usam o termo. À lei de compensação se refere *O Caibalion* quando diz: "a medida de seu movimento para a direita é a mesma que a de seu movimento para a esquerda, o ritmo é a compensação".

A lei de compensação é a que faz a oscilação em um sentido determinar outra oscilação em sentido contrário; uma equilibra a outra. No plano físico, há muitos exemplos dessa lei. O pêndulo de um relógio oscila certa distância para a direita e, então, oscila a mesma distância para a esquerda. As estações se equilibram umas às outras da mesma maneira. As marés obedecem à mesma lei. E a mesma lei se manifesta em todos os fenômenos do Ritmo. O pêndulo que faz uma oscilação curta para a direita faz o mesmo para a esquerda. Se a oscilação para a direita for grande, a oscilação para a esquerda também será. Um objeto lançado para cima a certa altura tem de percorrer exatamente a mesma distância em seu caminho de volta. A força com que se lança um projétil para cima é reproduzida quando este volta à Terra. Esta lei é constante no plano físico, como atestam as autoridades científicas.

O hermetista, porém, vai além ao afirmar que os estados mentais do homem estão sujeitos à mesma lei. O indivíduo capaz de desfrutar profundamente pode sofrer em igual medida, ao passo que aquele que sente pouca dor também sente pouco prazer. O porco sofre muito pouco mentalmente, mas também não pode desfrutar grande coisa: está compensado. Em contrapartida, há animais que sentem muito prazer, mas seu sistema nervoso e temperamento os fazem sofrer graus extremos de dor. E assim acontece com o homem. Há temperamentos que sentem muito pouco prazer, porém, em compensação, são pouco afetados pela dor; outros sentem prazer intenso e sofrem em igual medida. A regra é que a capacidade para o prazer e a dor em cada indivíduo está equilibrada. A lei da compensação está em plena operação aqui.

No entanto, os hermetistas vão ainda mais longe nesse assunto, afirmando que, antes que um indivíduo possa sentir certo grau de prazer, é necessário ter oscilado na mesma proporção até o outro polo do sentimento ou sensação. Eles defendem que, nesse caso, o negativo precede o positivo – isto é, ao experimentar certo grau de prazer, não decorre que o indivíduo deva "pagar por isso" com um grau correspondente de dor; ao contrário, o prazer é a oscilação rítmica, de acordo com a lei de compensação, originada de um grau de dor experimentado previamente (seja na vida atual, seja em encarnações anteriores). Isso lança uma nova luz sobre o problema da dor.

Os hermetistas consideram a cadeia de vidas como contínua, sendo parte de uma só vida do indivíduo, de modo que a oscilação rítmica é compreendida dessa forma. E não teria significado algum se não se admitisse a doutrina da reencarnação.

Mas os hermetistas sustentam que o Mestre ou o estudante avançado são capazes, em grande medida, de escapar da oscilação em direção à dor pelo processo de neutralização já mencionado nestas páginas. Ascendendo ao plano superior do ego, evitam-se muitas das experiências que chegam aos que habitam planos inferiores.

A lei de compensação desempenha um papel importante na vida de homens e mulheres. Notaremos que, em geral, um indivíduo "paga o preço" daquilo que tem ou que lhe falta. Se tem uma coisa, falta-lhe outra, e assim a balança se equilibra. Ninguém pode guardar o dinheiro e ter o pedaço de bolo ao mesmo tempo. Tudo tem um lado agradável e outro desagradável. As coisas que ganhamos sempre são pagas com as que perdemos. O rico possui muito do que falta ao pobre, ao passo que o pobre frequentemente tem coisas que estão fora do alcance do rico. O milionário pode ser inclinado a festins e ser dono da fortuna necessária para garantir as delícias e luxúrias da mesa, mas carece do apetite para desfrutá-las. Ele inveja o apetite e a digestão do operário, que não tem a fortuna e as inclinações do milionário e obtém mais satisfação do seu alimento simples do que o milionário, ainda que tivesse apetite ou boa digestão, pois suas necessidades, seus hábitos e suas inclinações são diferentes. E assim acontece com tudo na vida. A lei de compensação está sempre atuando, equilibrando e contrabalançando as coisas continuamente na sucessão do tempo, ainda que a oscilação do ritmo tarde várias vidas.

CAPÍTULO XII

CAUSAÇÃO

"Toda causa tem seu efeito; todo efeito tem sua causa; tudo ocorre de acordo com a Lei. O acaso é apenas o nome que se dá a uma lei desconhecida; há muitos planos de causalidade, mas nenhum deles escapa à Lei."

O CAIBALION

O sexto Grande Princípio Hermético – o de Causa e Efeito – encerra a verdade de que nada acontece por acaso; que o acaso é só um termo que indica a existência de uma causa não reconhecida ou percebida; que o fenômeno é contínuo, sem soluções de continuidade.

O Princípio de Causa e Efeito está por trás de todo pensamento científico, antigo e moderno, e foi enunciado pelos primeiros instrutores hermetistas. Embora tenham surgido muitas discussões e disputas entre as várias escolas de pensamento, versaram especialmente sobre os detalhes da operação do princípio citado e, com ainda mais frequência, a respeito do significado de determinadas palavras. O Princípio de Causa e Efeito subjacente foi aceito como correto por todos os pensadores do mundo que de fato merecem essa qualificação. Pensar de outra maneira seria tirar o fenômeno do Universo do domínio da Lei e da Ordem, relegando-os a esse algo imaginário ao qual se deu o nome de acaso.

Um pouco de reflexão mostrará que o acaso não existe. O *Houaiss* define a palavra *acaso* como "ocorrência, acontecimento casual, incerto ou imprevisível; casualidade, eventualidade". Uma breve reflexão, porém, demonstrará que não pode existir tal agente, no sentido de algo externo e fora da lei; algo fora da lei de causa e efeito. Como poderia haver algo atuando no Universo fenomênico, independente das leis, da ordem e da continuidade deste último? Esse agente casual seria algo independente da tendência ordenada do Universo e, por conseguinte, superior a ele. Não podemos imaginar nada fora do TODO, além da lei, e isso porque o TODO é precisamente a Lei em si mesma. Não há lugar no Universo para nada externo ou independente da lei; para algo fora da Lei e independente dela. A existência de algo semelhante tornaria ineficazes todas as leis naturais e submergiria o Universo na mais caótica desordem.

Um exame cuidadoso demonstrará que o que chamamos de "acaso" é apenas uma expressão relativa a causas obscuras que não podemos perceber nem compreender. O vocábulo *acaso* deriva da palavra latina *cadere* ("cair") e podemos associá-la à ideia da queda dos dados ao serem lançados: meramente uma ocorrência, sem relação com causa alguma. E é nesse sentido que a palavra costuma ser usada. No entanto, quando se examina o assunto de modo detalhado, observa-se que não há acaso na queda de um dado. Cada vez que o dado cai mostrando certo número, obedece a uma lei tão infalível como a que governa a revolução dos planetas em torno do Sol. Por trás da queda do dado, existem causas, ou cadeias de causas, que recuam no tempo até onde a mente não consegue alcançar. A posição do dado na caixa, a quantidade de energia muscular usada ao lançá-lo, o estado da mesa etc. são todas causas cujo efeito pode ser visto. Por trás dessas causas aparentes, porém, há encadeamentos de causas invisíveis precedentes, todas as quais atuando sobre o número que o dado deve mostrar em sua face superior.

Se um dado for lançado várias vezes, os números mostrados serão quase iguais, ou seja, haverá mais ou menos a mesma quantidade de "um", de "dois" etc. Lancemos uma moeda no ar e, ao cair, dará cara ou coroa. Se a moeda for lançada um número de vezes suficiente, porém, o número de caras e o de coroas tenderão a se igualar. É assim que opera a Lei da Média. Tanto a média quanto o lance único, contudo, operam sob a Lei de Causa e Efeito, e, se pudéssemos examinar as causas precedentes, veríamos com clareza que era simplesmente impossível que o dado caísse de outra forma que não aquela como caiu, nas circunstâncias e no momento dados. As causas sendo as mesmas, segue-se o mesmo resultado. Toda ocorrência tem sua causa e seu porquê. Nada ocorre sem causa, ou, melhor dizendo, sem uma cadeia de causas.

Ao considerar este princípio, muitos ficam confusos, porque não conseguem explicar como uma coisa pode ser causa de outra, isto é, como a primeira pode ser "criadora" da segunda. Na realidade, nenhuma coisa pode produzir ou criar outra. A causa e o efeito residem meramente nos acontecimentos. Um "acontecimento" é "o que vem, chega ou ocorre em consequência de um acontecimento ou evento anterior". Nenhum acontecimento cria outro; é nada mais que o elo precedente na grande cadeia ordenada de acontecimentos que fluem da energia criadora do TODO. Há uma continuidade entre todos os acontecimentos precedentes, consequentes e subsequentes. Existe sempre uma relação entre tudo que veio antes e tudo que vem depois. Uma pedra se solta da encosta da montanha e se choca contra o telhado de uma casa de campo situada no vale abaixo. À primeira vista, parece obra do acaso; mas, se examinarmos a questão, encontraremos uma grande cadeia de causas por trás desse acontecimento. Em primeiro lugar, houve a chuva, que amoleceu a terra que sustentava a pedra, permitindo-lhe cair; antes disso, houve a influência do Sol e de outras chuvas, que gradualmente foram desintegrando a pedra da rocha; antes ainda, houve as causas que contribuíram ou produziram a formação da montanha e sua elevação sucessiva por meio das convulsões da Natureza; e assim *ad infinitum*. Além disso, poderíamos considerar as causas da chuva, a existência do telhado etc. Em síntese, logo nos encontraríamos imersos em um labirinto de causas e efeitos do qual teríamos que nos esforçar para escapar.

Assim como um homem tem pai e mãe, quatro avós e oito bisavós, dezesseis tataravós e assim sucessivamente – de maneira que, ao fim de quarenta gerações, calcula-se em muitos milhões o número de antepassados –, o mesmo acontece com o número de causas por trás do acontecimento ou fenômeno mais ínfimo, como quando uma partícula de fuligem passa diante dos nossos olhos. Não é nada fácil seguir a pista dela até os períodos primitivos da história do mundo, quando fazia parte de um tronco maciço, que mais tarde se converteu em carvão e assim sucessivamente, até o momento em que passou por nós a caminho de outras aventuras. E uma poderosíssima cadeia de acontecimentos, de causas e efeitos, a levou até sua condição atual, e esta não é mais que um dos tantos acontecimentos da cadeia, que continuarão produzindo mais e mais eventos durante centenas e centenas de anos a contar de agora. Uma das séries de acontecimentos originados por essa partícula de fuligem foi o ato de escrever estas linhas, o que obrigou um tipógrafo a realizar certo trabalho; o revisor a fazer outro; e que despertará na mente do leitor certos pensamentos, assim como na mente dos demais, os quais, por sua vez, afetarão outras pessoas, e assim sucessivamente, até onde a mente não pode alcançar, e tudo por causa de uma partícula de fuligem, o que mostra a relatividade e a associação das coisas, e a consequente dedução de que "não há nada grande nem pequeno na mente que tudo criou".

Reflitamos por um instante. Se certo homem não tivesse encontrado certa mulher na Idade da Pedra, você, que está lendo estas linhas, não estaria aqui. E se, talvez, o mesmo casal não tivesse se encontrado, nós, que escrevemos estas linhas, também não estaríamos aqui. E o próprio fato de escrever (da nossa parte) e de ler (da sua) não só afetará a nossa vida e a sua, como terá um efeito direto ou indireto sobre muitas outras pessoas, hoje e no futuro. Cada pensamento e cada ação têm resultados diretos e indiretos que se conectam na grande cadeia de Causas e Efeitos.

Não desejamos discutir sobre o livre-arbítrio e o determinismo nesta obra por várias razões. Entre muitas outras, a principal é que nenhum lado da controvérsia está correto; na realidade, ambos são parcialmente verdadeiros de acordo com os ensinamentos herméticos. O Princípio de Polaridade demonstra que ambos os aspectos não passam de meias-verdades – polos opostos da Verdade. Os ensinamentos afirmam que o homem pode ser livre e, ao mesmo tempo, limitado pela necessidade; tudo depende do significado dos termos e do nível de verdade a partir do qual se examine o assunto. Os antigos escritores expressavam o ponto dizendo que "quanto mais longe a criação está do Centro, mais limitada é; e, quanto mais próxima, mais livre".

Os homens, em sua maioria, são mais ou menos escravos da hereditariedade, do meio ambiente etc. e manifestam muito pouco livre-arbítrio. São arrastados por opiniões, costumes e pensamentos do mundo externo e, também, por suas emoções, sentimentos e estados de ânimo. Não manifestam o menor domínio de si. E, com indignação, rechaçam essa afirmação dizendo: "Ora, eu decerto sou livre para agir e fazer o que quiser; faço exatamente o que tenho vontade". No entanto, não conseguem explicar por que ou de onde vem esse querer, essa vontade. O que os faz "querer" uma coisa, e não outra? O que os faz "ter vontade" de realizar uma coisa, e não outra? Não existe um porquê para seus "quereres" e "vontades"? O Mestre pode transformar os "quereres" e "vontades" em outros no extremo oposto de seu polo mental. Pode e tem a capacidade de "querer querer", em vez de querer porque algum sentimento, estado de ânimo, emoção ou sugestão do meio ambiente desperte nele uma tendência ou um desejo de fazer isso ou aquilo.

A maioria das pessoas é arrastada como se fosse uma pedra, obedecendo ao meio ambiente, às influências externas e aos estados de ânimo, desejos e emoções internas etc. Sem falar nos desejos e vontades dos demais, que são mais fortes do que elas, na hereditariedade, no meio ambiente e nas sugestões, que as levam sem a menor resistência da parte delas, sem que exercitem sua vontade. Movidas como os peões no tabuleiro de xadrez da vida, desempenham seu papel e ficam de lado depois do jogo.

Os Mestres, porém, que conhecem as regras do jogo, elevam-se acima do plano da vida material e, colocando-se em contato com os poderes superiores de sua natureza, dominam os próprios estados de ânimo, caráter, qualidades e polaridades, assim como o ambiente que os rodeia, tornando-se, desta forma, jogadores em vez de meras peças: causas em vez de efeitos. Os Mestres não escapam à causação nos planos superiores; estão sob o controle dessas leis mais elevadas e, fazendo uso delas, dominam as circunstâncias nos planos inferiores. Dessa maneira, formam uma parte consciente da Lei, em vez de serem seus cegos instrumentos. Embora obedeçam nos Planos Superiores, governam no plano material.

Mas, tanto em cima como embaixo, a Lei está sempre em operação. Não existe acaso. A deusa cega foi abolida pela razão. Agora podemos ver, com olhos iluminados pelo conhecimento, que tudo é governado pela Lei Universal; que o número infinito de leis não é mais que manifestações da Única Grande Lei: a LEI que é o TODO. É certo que nem mesmo um pardal passa despercebido na Mente do TODO, que até os cabelos da nossa cabeça estão numerados, segundo dizem as escrituras. Não há nada fora da Lei; nada acontece contrário a ela. Apesar disso, porém, não cometa o erro de supor que o homem é um autômato cego; muito pelo contrário. A doutrina hermética diz que o homem pode empregar a Lei contra as leis, e que o superior sempre prevalecerá contra o inferior, até que finalmente o homem tenha alcançado o estágio em que busque refúgio na própria LEI e possa esquivar-se de todas as leis fenomênicas.

Você consegue compreender o significado íntimo, interno, disso?

CAPÍTULO XIII

GERAÇÃO

"O gênero está em tudo; tudo tem seus princípios masculino e feminino; o gênero se manifesta em todos os planos."

O CAIBALION

O sétimo Grande Princípio Hermético – o de Geração ou de Gênero – encerra a verdade de que o gênero se manifesta em todas as coisas, de que os princípios masculino e feminino estão sempre presentes e em plena atividade em todos os fenômenos e em cada um dos planos da vida. Neste ponto, é bom chamar a atenção para o fato de que o gênero, em seu sentido hermético, e o sexo, na acepção ordinariamente aceita do termo, não são a mesma coisa.

O vocábulo *gênero* deriva da raiz latina que significa "conceber, procriar, gerar, criar, produzir". Uma breve consideração sobre o assunto mostrará que essa palavra tem um significado muito mais amplo e geral que o termo *sexo*, pois este se refere às distinções físicas entre os machos e as fêmeas. O sexo é uma manifestação do gênero em certo plano do Grande Plano Físico: o da vida orgânica. É necessário que esta distinção se imprima na sua mente, porque certos escritores que adquiriram algumas noções de Filosofia Hermética trataram de identificar este sétimo princípio com teorias e ensinamentos fantásticos e excêntricos, e às vezes repreensíveis, concernentes ao sexo.

O propósito do gênero é unicamente criar, produzir, gerar, e suas manifestações são visíveis em todos os planos de fenômenos. É um tanto difícil apresentar provas disso em linhas científicas, porque a ciência ainda não reconheceu este princípio como de aplicação universal. Ainda assim, porém, algumas provas têm vindo de fontes científicas. Em primeiro lugar, encontramos uma manifestação distinta do Princípio de Geração entre os corpúsculos, íons ou elétrons, que compreendem as bases da matéria como a ciência as reconhece hoje e que, ao constituírem determinadas combinações, formam o átomo, que até não muito tempo atrás era considerado como final e indivisível.

A última palavra da ciência é que o átomo é composto de uma multitude de corpúsculos, elétrons ou íons (diversos nomes para a mesma coisa), que giram uns em torno de outros e vibram com um grau elevado de intensidade. No entanto, também se postula que a formação do átomo se deve a um agrupamento de corpúsculos negativos em torno de um positivo. Os corpúsculos positivos parecem exercer certa influência sobre os negativos, levando-os a formar certas combinações e, assim, a "criar" ou "gerar" um átomo. Isso está perfeitamente de acordo com os mais antigos ensinamentos herméticos, que sempre identificaram o princípio masculino do gênero com o polo "positivo" e o feminino com o polo "negativo" da eletricidade.

Neste ponto, permita-nos fazer um comentário sobre essa identificação. A mente pública formou uma impressão errônea acerca das qualidades do chamado "polo negativo" da matéria eletrizada ou magnetizada. Os termos *positivo* e *negativo* foram erroneamente aplicados pela ciência a esse fenômeno. A palavra *positivo* significa algo real e forte em comparação à irrealidade ou debilidade do "negativo", mas nada está mais longe da realidade dos fenômenos elétricos. O chamado polo negativo da bateria é de fato o polo no e pelo qual se manifesta a geração ou produção de formas e energias novas. Nada há de "negativo" nele. Atualmente, as maiores autoridades científicas usam o vocábulo *cátodo* em vez de *negativo*. Cátodo deriva de uma raiz grega que quer dizer "descenso; o caminho da geração". Do polo catódico emerge o turbilhão de elétrons ou corpúsculos; do mesmo polo surgem os maravilhosos "raios" que revolucionaram as concepções científicas no século passado. O polo catódico é a mãe de todos os fenômenos estranhos que tornaram inúteis os antigos livros didáticos e fizeram teorias durante muito tempo aceitas terem sido relegadas à pilha de descartes das especulações científicas. O cátodo, ou polo negativo, é o Princípio Materno dos Fenômenos Elétricos e das formas mais sutis de matéria que a ciência conhece. Veja, portanto, que temos razões para rechaçar o uso do termo *negativo*, insistindo em substituir o antigo termo pela palavra *feminino*. Os fatos nos levam a isso, sem levar em consideração a doutrina hermética. Por conseguinte, usaremos a palavra *feminino* em vez de *negativo* ao abordar esse polo de atividade.

Segundo os últimos ensinamentos científicos, os corpúsculos ou elétrons criadores são femininos (a ciência diz que "são compostos de eletricidade negativa" e nós afirmamos que são compostos de energia feminina). Um corpúsculo feminino se desprende, ou, melhor dizendo, deixa um corpúsculo masculino e começa uma nova carreira. Busca ativamente uma união com um corpúsculo masculino, animado pelo impulso natural de criar novas formas de matéria ou energia. Certo autor vai ainda mais longe e diz que "em seguida busca, por vontade própria, uma união". Esse desprendimento e unificação formam a base de quase todas as atividades no mundo químico. Quando um corpúsculo feminino se une a outro masculino, começa determinado processo. As partículas femininas vibram intensamente sob a influência da energia masculina e giram depressa em torno desta última. O resultado é o nascimento de um novo átomo, o qual é composto da união de elétrons masculinos e femininos. Quando essa união se efetua, porém, o átomo é uma coisa separada, com certas propriedades, embora já não manifeste mais a propriedade de eletricidade livre. O processo de desprendimento ou separação dos elétrons femininos se chama "ionização". Esses elétrons, ou corpúsculos, são os operários mais ativos no campo da Natureza. De sua uniões, ou combinações, surgem as diversas manifestações da luz, do calor, da eletricidade, do magnetismo, da atração, da repulsão, das afinidades químicas e seus contrários, assim como outros fenômenos de natureza similar. E tudo isso se origina da operação do Princípio de Geração no plano da energia.

O papel do princípio masculino parece ser o de dirigir certa energia inerente rumo ao princípio feminino, pondo em atividade, desse modo, o processo criador. O princípio feminino, contudo, é aquele que sempre executa o trabalho ativo criador em todos os planos. No entanto, cada princípio é incapaz de exercer energia operativa sem a ajuda do outro. Em algumas das formas de vida, os dois se combinam em um só organismo. Todo o mundo orgânico manifesta ambos os gêneros: sempre há o princípio masculino presente na forma feminina, e o princípio feminino na forma masculina. Os ensinamentos herméticos têm muito a dizer sobre a operação dos princípios do gênero na produção e manifestação das diversas formas de energia, mas não é necessário entrar em detalhes sobre isso neste ponto, pois não podemos corroborá-las com provas científicas – a ciência ainda não progrediu o suficiente. O exemplo exposto sobre os fenômenos dos elétrons ou corpúsculos, contudo, demonstra que a ciência está no caminho correto e dá uma ideia geral acerca dos princípios subjacentes.

Alguns pesquisadores científicos anunciaram sua crença de que, na formação dos cristais, se encontra algo que corresponde a uma espécie de "atividade sexual", o que mostra a direção em que os ventos científicos estão soprando. E a cada ano que passa contribuirá com novos fatos para corroborar a exatidão do Princípio Hermético de Gênero. Ficará claro que o gênero está em constante operação, manifestando-se em todo o campo da matéria inorgânica, bem como no campo da energia ou força. A eletricidade é considerada, hoje, "algo" em que todas as demais formas de energia se misturam ou se dissolvem. A Teoria Elétrica do Universo é a doutrina científica mais recente, e está adquirindo grande popularidade e aceitação com rapidez. E disso decorre que, se pudermos descobrir no fenômeno da eletricidade – mesmo na raiz ou na fonte de suas manifestações – uma evidência clara e inequívoca da presença do gênero e de suas atividades, poderemos afirmar, sem medo, que a ciência por fim ofereceu provas da existência, em todos os fenômenos do Universo, deste Grande Princípio Hermético: o Princípio de Geração.

Não é necessário perder tempo falando do conhecido fenômeno da "atração e repulsão" dos átomos, da afinidade química, dos amores e ódios das partículas atômicas, da atração ou coesão entre as moléculas da matéria. Esses fatos são bastante conhecidos e não exigem maiores comentários. No entanto, alguma vez se considerou que todas essas coisas são manifestações do Princípio de Geração? Não se vê claramente que o fenômeno é geral, quer se trate de corpúsculos, quer de moléculas ou elétrons? E mais: não é razoável e lógico o ensinamento hermético que afirma que a mesma lei da gravitação – essa estranha atração pela qual todas as partículas e corpos no Universo tendem uns aos outros – não é senão outra manifestação do Princípio de Geração, que opera no sentido de atrair as energias masculinas para as femininas e vice-versa? Não podemos oferecer provas científicas disso neste momento, mas, se os fenômenos forem examinados à luz das doutrinas herméticas sobre o assunto, você verá que não existe hipótese melhor do que qualquer uma oferecida pela ciência física.

Submeta todos os fenômenos à prova e compreenderá que o Princípio de Geração se faz evidente.

Passemos agora a considerar a operação deste princípio no plano mental. Muitos fatos interessantes estão à espera de serem examinados.

CAPÍTULO XIV

GÊNERO MENTAL

Os estudantes de psicologia que seguiram de perto a evolução do pensamento moderno no que concerne aos fenômenos mentais estranharam a rara insistência da ideia ou do conceito de dualidade mental que se manifestou tão fortemente nos últimos anos e que deu origem a muitas teorias plausíveis sobre a natureza e a constituição dessa "duas mentes". O falecido Thomson J. Hudson alcançou grande popularidade em 1893 ao enunciar sua conhecida teoria a respeito das "mentes objetiva e subjetiva", que, segundo afirmava, existiam em cada indivíduo. Outros autores chamaram a atenção com suas teorias acerca das mentes "consciente e subconsciente", "voluntária e involuntária", "ativa e passiva" etc. Essas teorias diferem conforme cada autor, mas sempre permanece o princípio básico, que é o da dualidade mental.

O estudante de Filosofia Hermética se sente tentado a sorrir quando lê sobre essas numerosas teorias *novas* com respeito à dualidade da mente, e as escolas aderem tenazmente à própria doutrina, cada uma delas proclamando ter "descoberto a verdade". O estudante que folheie o livro da história oculta encontrará referências aos antigos ensinamentos herméticos acerca do Princípio de Gênero no Plano Mental – a manifestação do Gênero Mental. E, se avançar em seu estudo, verá que essa antiga filosofia conhecia o fenômeno da dualidade da mente e o explicou por meio da teoria do Gênero Mental. Esse conceito pode ser explicado em poucas palavras àqueles que já se familiarizaram com as teorias modernas que o mencionam. O princípio masculino da mente corresponde à chamada mente objetiva, consciente, involuntária, passiva. O ensinamento hermético não concorda com as muitas teorias sobre as duas fases da mente nem admite muitos dos fatos proclamados por essas escolas em apoio a esse aspecto duplo, alguns dos quais, muito rebuscados e incapazes de resistir ao teste da experimentação e da demonstração. Só indicamos os pontos de concordância para facilitar a assimilação dos conhecimentos previamente adquiridos com a Filosofia Hermética. Os alunos de Hudson conhecem a proposição que se faz no início do segundo capítulo de *The Law of Psychic Phenomena* (*A lei dos fenômenos psíquicos*), que diz: "O jargão místico dos filósofos herméticos expressa a mesma ideia geral [...]", ou seja, a dualidade da mente. Se o dr. Hudson tivesse se dado ao trabalho de decifrar parte do "jargão místico dos filósofos herméticos", ele teria recebido muita luz sobre o ponto da dualidade da mente; mas então, talvez, sua obra mais interessante não teria sido escrita. Consideremos agora os ensinamentos herméticos sobre o Gênero Mental.

Os instrutores herméticos ensinam esse assunto pedindo a seus discípulos que examinem o que sua consciência informa sobre o próprio *self*. O discípulo, então, fixa sua atenção internamente no *self* que habita em nós. Cada aluno é levado a perceber que sua consciência lhe informa sobre a existência do eu: "Eu sou". No início, estas parecem ser as palavras finais da consciência, mas uma análise posterior revela que esse "Eu sou" pode ser dividido em duas partes ou aspectos diferentes, que, embora trabalhem em uníssono e em conjunto, podem ser separados na consciência.

Embora, no início, pareça existir apenas um "eu", um exame mais cuidadoso revela que há um "eu" e um "mim". Esse par mental difere em características e natureza, e o exame desta, bem como dos fenômenos que surgem dela, lança luz sobre muitos dos problemas da influência mental.

Comecemos considerando o "mim", que, em geral, se confunde com o "eu" quando não nos aprofundamos o suficiente nos recessos da consciência. O homem pensa no *self* (em seu aspecto de "mim") como sendo composto de certos sentimentos, agrados, desagrados, hábitos, laços especiais, características – todos os quais formam sua personalidade, ou o *self* que ele e os outros conhecem. Ele sabe que essas emoções e esses sentimentos mudam, que nascem e morrem, que estão sujeitos aos Princípios do Ritmo e de Polaridade, que o conduzem de um extremo a outro. Também pensa no *self* como certa soma de conhecimentos agrupados na mente, que formam assim uma parte dele. Esse é o "mim" do homem.

Talvez tenhamos avançado depressa demais. O "mim" de muitos homens está composto, em grande parte, da consciência que têm do próprio corpo e de seus apetites físicos. E estando sua consciência, em grande medida, limitada à sua natureza corporal, praticamente "vivem ali". Alguns homens chegam ao ponto de considerar sua aparência como parte de seu "mim", e de fato parecem considerá-la assim. Certa vez, um escritor disse com muito humor que o homem é composto de três partes: "Alma, corpo e vestes". Esses homens perderiam a personalidade se fossem despojados de suas vestes, mas mesmo aqueles que não estão tão presos à ideia da aparência pessoal se aferram à consciência de seu corpo como "mim". Eles não conseguem conceber um *self* independente do corpo. Sua mente lhes parece algo "pertencente" ao corpo, o que, em muitos casos, é de fato certo.

No entanto, à medida que o homem avança na escala da consciência, vai adquirindo a capacidade de desprender de seu "mim" essa ideia corporal e de pensar no próprio corpo como algo "pertencente" à sua parte mental. Mas, mesmo assim, ele é capaz de identificar o "mim" completamente com seus estados mentais, sensações etc. que sente que existem dentro dele. E identificará esses estados internos como idênticos a si mesmo, em vez de considerar que são meras "coisas" produzidas por sua mentalidade, existentes nele – que estão dentro dele e são provenientes dele, mas não são ele mesmo. Ele percebe que pode mudar esses estados com um esforço da vontade e produzir uma sensação ou estado de natureza oposta da mesma maneira; no entanto, continua existindo o mesmo "mim". E então, depois de um tempo, é capaz de deixar de lado esses diversos estados mentais, emoções, sentimentos, hábitos, qualidades, características e outras coisas que pertencem à sua mente, considerando-as uma coleção de qualidades, curiosidades ou valiosas possessões do "não mim". Isso exige muita concentração mental e poder de análise por parte do estudante. Esse trabalho, porém, é possível, e até os estudantes que não estão muito avançados conseguem ver, em sua imaginação, como se realiza o processo descrito.

Depois de realizado esse exercício, o discípulo se encontrará em posse consciente de um *self* que pode ser considerado em seu duplo aspecto do "eu" e do "mim". O "mim" se sentirá como algo mental no qual podem produzir-se pensamentos, ideias, emoções, sentimentos e estados mentais. Pode ser considerado a "matriz mental", segundo diziam os antigos, capaz de gerar mentalmente. Revela-se à consciência como um "mim" com poderes latentes de criação e geração mental de todo tipo de progênie. Sua capacidade de energia criadora é enorme, como cada um pode sentir. Ainda assim, contudo, parece ter consciência de que deve receber alguma forma de energia, seja do mesmo "eu", companheiro inseparável, seja de algum outro "eu", a fim de que produza suas criações mentais. Essa consciência proporciona uma compreensão da enorme capacidade de trabalho mental e poder criador.

O estudante, porém, logo descobre que isso não é tudo que há em sua consciência íntima, pois vê que existe um algo mental que pode "querer" que o "mim" atue de acordo com certa linha criadora e que, no entanto, permanece à parte, como testemunho dessa criação mental. A essa parte de si mesmo, ele é ensinado a chamar de "eu". E, em sua consciência, descansa à vontade. Ali encontra não uma consciência da capacidade de gerar e criar ativamente, no sentido do processo gradual comum às operações mentais, e sim uma percepção e consciência da capacidade de projetar uma energia do "eu" ao "mim" – um processo de "querer" que a criação mental comece e prossiga. Também experimenta que o "eu" permaneça à parte e testemunhe as operações da geração ou criação mental do "mim". Esse duplo aspecto existe na mente de toda pessoa. O "eu" representa o Princípio Masculino do gênero mental; o "mim", o Princípio Feminino. O "eu" figura como o aspecto de "ser"; o "mim", o aspecto de "tornar-se". O estudante notará que o Princípio de Correspondência opera neste plano da mesma maneira que no grande plano no qual se realiza a criação de Universos. Os dois são semelhantes, mas se diferenciam muito em grau. "Como em cima é embaixo; como embaixo é em cima."

Esses aspectos da mente – os princípios masculino e feminino, o "eu" e o "mim" –, considerados em relação com os fenômenos psíquicos e mentais já conhecidos, dão a chave mestra para elucidar a operação e manifestação dessas nebulosas regiões da mente. O Princípio de Gênero mental revela a verdade que há por trás de todo o campo dos fenômenos de influência mental.

A tendência do princípio feminino é sempre receber impressões, ao passo que a do masculino é dá-las ou expressá-las. O princípio feminino tem um campo de ação muito mais variado que o masculino. O princípio feminino conduz o trabalho de gerar novos pensamentos, conceitos, ideias, inclusive a obra da imaginação. O masculino se contenta com o ato de "querer" em suas várias fases. No entanto, sem a ajuda ativa da vontade do princípio masculino, o feminino tende a se satisfazer em gerar imagens mentais que são o resultado de impressões recebidas do exterior, em vez de produzir criações mentais originais.

As pessoas que conseguem prestar atenção continuada a um assunto empregam ativamente ambos os princípios mentais: o feminino, no trabalho ativo da geração mental; e o masculino, ao estimular e dar energia à porção criadora da mente. A maioria só faz uso do princípio masculino, contentando-se em viver de acordo com os pensamentos e ideias que penetram em seu "mim" e provêm do "eu" de outras mentalidades. Nosso propósito, porém, não é nos determos nessa fase do assunto, que pode ser estudado em qualquer bom tratado de psicologia, com a chave já indicada sobre o gênero mental.

O estudante dos fenômenos psíquicos está ciente dos fenômenos maravilhosos classificados como telepatia, transmissão de pensamento, influência mental, sugestão, hipnotismo etc. Muitos buscaram explicações para essas diversas fases dos fenômenos segundo as teorias de dualidade mental promulgadas pelos diferentes instrutores. E, até certo ponto, estão corretos, pois há, claramente, uma manifestação de duas fases distintas de atividade mental. Mas, se esses estudantes considerarem essa dualidade à luz dos ensinamentos herméticos no que concerne à vibração e ao gênero mental, verão que a chave tão buscada está ao alcance das mãos.

Nos fenômenos telepáticos, observamos que a energia vibratória do princípio masculino se projeta sobre o princípio feminino de outra pessoa, e que esta última absorve esse pensamento e lhe permite desenvolvê-lo e amadurecê-lo. A sugestão e o hipnotismo funcionam da mesma maneira. O princípio masculino de alguém dá a sugestão dirigindo uma corrente de energia ou poder vibratório sobre o princípio feminino de outro – e este, ao aceitá-la, a torna sua, agindo e pensando em conformidade. Uma ideia assim armazenada na mente de outra pessoa cresce e se desenvolve e, a seu tempo, é considerada uma verdadeira criação mental do indivíduo, quando, na realidade, é como o ovo de um cuco colocado em um ninho de pardais, onde destrói os filhotes legítimos e sente-se em casa. O processo normal é que o princípio masculino e o feminino de uma pessoa atuem em conjunto, de maneira coordenada e harmoniosa. No entanto, o princípio masculino de uma pessoa comum é muito inerte e preguiçoso para atuar – a demonstração da vontade é muito efêmera – e, em consequência, a maioria está dirigida pela mente e pela vontade dos outros, a quem se permite querer e pensar em seu lugar.

Quantos pensamentos ou obras originais tem a pessoa comum? A maioria dos homens não é simples sombra ou eco dos que têm uma mente ou vontade mais forte que a sua? O problema é que a pessoa comum descansa quase por completo em sua consciência do "mim" e não compreende que de fato tem um "eu". Ela está polarizada em seu princípio feminino da mente, e seu princípio masculino, no qual a vontade reside, está inativo e inerte.

Os homens e as mulheres fortes do mundo manifestam o princípio masculino da vontade, e sua força depende materialmente desse fato. Em vez de viver com base nas impressões que outras mentalidades lhes produzem, dominam a própria mente, mediante sua vontade, obtendo, assim, o tipo de imagens mentais desejadas; e dominam as mentes alheias da mesma maneira. Observe um homem forte e veja como ele faz para semear seus pensamentos na mente das massas, obrigando-as, assim, a pensar de acordo com seus desejos. Essa é a razão pela qual as massas são como rebanhos de carneiros, que nunca originam uma ideia própria, nem empregam os próprios poderes e atividades mentais.

A manifestação do gênero mental pode ser notada em todas as partes da vida cotidiana. Indivíduos magnéticos são aqueles capazes de usar seu princípio masculino para imprimir suas ideias sobre os demais. O ator que faz a plateia rir ou chorar conforme seus desígnios está fazendo uso desse princípio. O mesmo acontece com o orador, político, pregador, escritor ou qualquer outro que atraia a atenção pública. A influência peculiar que um homem exerce sobre outro se deve à manifestação do gênero mental, segundo as linhas vibratórias já indicadas. Neste princípio reside o segredo do magnetismo pessoal, da influência pessoal, da fascinação, bem como dos fenômenos agrupados sob o nome de hipnotismo.

O estudante que está familiarizado com os fenômenos denominados psíquicos terá descoberto o importante papel que desempenha, nos fenômenos citados, essa força que a ciência denomina "sugestão" – termo que indica o processo ou método pelo qual uma ideia é transferida ou impressa na mente de outra pessoa, levando a segunda a atuar de maneira concordante. Uma correta compreensão da sugestão é necessária para se entender de modo inteligente os vários fenômenos psíquicos aos quais a sugestão dá origem. No entanto, ainda mais necessário é o conhecimento da vibração e do gênero mental, porque todo o Princípio da Sugestão depende deles.

É comum que aqueles que escrevem e ensinam a respeito da sugestão expliquem que a mente "objetiva ou voluntária" é a que causa a impressão mental, ou sugestão, sobre a mente "subjetiva ou involuntária". Eles, porém, não descrevem o processo nem indicam qualquer analogia na natureza pela qual seja mais fácil compreender a ideia. No entanto, se o assunto for contemplado à luz dos ensinamentos herméticos, veremos que a energização do princípio feminino pela energia vibratória do princípio masculino está de acordo com as leis universais da Natureza, e que o mundo natural oferece inúmeras analogias que facilitam a compreensão do princípio. Na realidade, a doutrina hermética afirma que a própria criação do Universo obedece a tal lei e que, em todas as manifestações criadoras, sobre os planos espiritual, mental e físico, sempre está em ação o Princípio de Gênero – a expressão dos princípios masculino e feminino. "Como em cima é embaixo; como embaixo é em cima." E mais do que isso: ao se compreender este princípio, de imediato os variados fenômenos psicológicos tornam-se passíveis de estudo e classificação inteligente, em vez de permanecerem obscuros. O princípio atua na prática, porque se baseia nas leis universais e imutáveis da vida.

Não entraremos agora em uma elucidação detalhada dos diversos fenômenos concernentes à influência mental ou à atividade psíquica. Há muitos livros, vários deles muito bons, sobre o assunto. Os fatos principais assinalados nessas obras são corretos, ainda que cada autor tente explicá-los com base em sua teoria preferida. O estudante pode se familiarizar com eles e, utilizando a doutrina do gênero mental, ordenar convenientemente a massa caótica de teorias e ensinamentos conflitantes – e, além disso, dominar o tema caso se sinta inclinado a fazê-lo. O objetivo desta obra não é dar uma explicação extensa dos fenômenos psíquicos, e sim indicar a chave mestra que abre as muitas portas que conduzem ao Templo do Saber, caso se deseje explorar. Cremos que, ao examinar os ensinamentos encerrados em *O Caibalion*, é possível encontrar a explicação que servirá para eliminar muitas dificuldades perturbadoras – uma chave que abrirá diversas portas. De nada serve entrar em detalhes acerca das inúmeras características dos fenômenos psíquicos e mentais se o estudante não tiver os meios para compreender o assunto que atrai sua atenção. Com a ajuda de *O Caibalion*, pode-se entrar em qualquer biblioteca, pois a luz do antigo Egito iluminará as páginas confusas e os tópicos obscuros. Este é o propósito desta obra. Não viemos expor uma filosofia nova, e sim apresentar as bases fundamentais do antigo ensinamento universal que esclarece os ensinamentos de outros e que servirá para conciliar teorias diferentes e doutrinas conflitantes.

CAPÍTULO XV

AXIOMAS HERMÉTICOS

"A posse do Conhecimento, se não for acompanhada de uma manifestação e expressão na ação, é como enterrar metais preciosos: uma coisa vã e inútil. O conhecimento, como a riqueza, deve ser aplicado. A lei do uso é universal, e aquele que a viola sofre por ter se colocado em conflito com as forças naturais."

O CAIBALION

Embora os ensinamentos herméticos, pelas razões já expostas, tenham sido mantidos em segredo na mente de seus afortunados possuidores, não foram concebidos para serem guardados e ocultados. A Lei do Uso está contida em tais ensinamentos, como se pode ver na citação anterior, extraída de *O Caibalion*, que a afirma estritamente. Se não for usado e expressado, o conhecimento é algo vão, que não traz benefício a seu possuidor nem à raça humana. Evite, leitor, a avareza mental e expresse em ação o que aprendeu. Estude os axiomas e aforismos, mas também os pratique.

Apresentamos, a seguir, alguns dos mais importantes axiomas herméticos, tomados de *O Caibalion*, acrescidos de alguns comentários. Faça uso deles e os pratique, pois nunca lhe pertencerão de fato até que os tenha colocado em prática.

"Para mudar seu estado de ânimo ou estado mental, mude sua vibração."

O CAIBALION

Um indivíduo pode mudar suas vibrações mentais mediante um esforço da vontade, fixando a atenção deliberadamente sobre um estado mais desejável. A vontade dirige a atenção, e esta muda a vibração. Cultive a arte da atenção, por meio da vontade, e estará solucionado o problema de dominar os próprios estados de ânimo e estados mentais.

"Para destruir um grau de vibração não desejável, coloque em ação o Princípio de Polaridade e concentre a atenção no polo oposto ao que deseja suprimir. Elimine o não desejável mudando sua polaridade."

O CAIBALION

Esta é uma das fórmulas herméticas mais importantes, baseada em verdadeiros princípios científicos. Já mostramos que um estado mental e seu oposto são simplesmente dois polos da mesma coisa, e que, mediante a transmutação mental, essa polaridade pode ser invertida. Os psicólogos modernos conhecem este princípio e o aplicam para dissolver os hábitos não desejáveis, aconselhando seus estudantes a se concentrarem na qualidade oposta. Se alguém está com medo, é inútil perder tempo tentando acabar com o medo; deve-se cultivar a coragem, e o medo desaparecerá. Alguns autores expressaram essa ideia usando o exemplo de um quarto escuro. Não se deve perder tempo colocando para fora a escuridão; basta abrir as janelas e deixar a luz entrar, e a escuridão desaparecerá por si só. Para acabar com uma qualidade negativa, é necessário concentrar-se no polo positivo dessa mesma qualidade, e as vibrações mudarão gradualmente de negativas para positivas, até que se polarizarão no polo positivo, em vez de estar no negativo. O inverso também é verdadeiro, como muitos descobriram (para sua tristeza), quando se permitiram vibrar com demasiada constância no polo negativo das coisas. Mudando a polaridade, é possível dominar os estados de ânimo e os estados mentais, recuperar a disposição e construir o caráter. Grande parte do domínio que os hermetistas avançados têm sobre sua mente se deve à aplicação da polaridade, que é um dos aspectos mais importantes da transmutação mental. Recorde o axioma hermético, já citado, que diz:

> *"A mente, assim como todos os metais e demais elementos, pode ser transmutada, de estado em estado, de grau em grau, de condição em condição, de polo em polo, de vibração em vibração."*
>
> O CAIBALION

Dominar a polaridade significa controlar os princípios da transmutação ou alquimia mental, porque, a não ser que adquira a arte de mudar a própria polaridade, o estudante não conseguirá afetar o ambiente que o rodeia. Ao compreender esse princípio, poderá alterar a própria polaridade, assim como a dos demais, se dedicar tempo, cuidado, estudo e prática necessários para tanto. O princípio é verdadeiro, mas os resultados obtidos dependem da persistente paciência e da prática do estudante.

> *"O ritmo pode ser neutralizado pela arte da polarização."*
>
> O CAIBALION

Como já explicamos em capítulos anteriores, os hermetistas afirmam que o Princípio do Ritmo se manifesta no Plano Mental, assim como no Plano Físico, e que a sucessão encadeada de estados de ânimo, sentimentos, emoções e outros estados mentais se deve ao movimento oscilante do pêndulo mental, que nos arrasta de um extremo a outro. Os hermetistas ensinam, além disso, que a lei da neutralização nos capacita, em grande medida, a superar a operação do Ritmo na consciência. Como já explicamos, há um plano de consciência superior, assim como um inferior, e o Mestre, elevando-se mentalmente ao plano superior, faz a oscilação do pêndulo mental se manifestar no plano inferior enquanto ele permanece no outro, livrando assim sua consciência da oscilação contrária. Isso é feito por meio da polarização no *Self* Superior, elevando as vibrações mentais do Ego acima daquelas do plano de consciência ordinário. É parecido com elevar-se acima de uma coisa e permitir que ela passe abaixo de você. O hermetista avançado se polariza no polo positivo de seu ser, o polo do "Eu sou", em vez de no polo da personalidade, e, "recusando" e "negando" a operação do Ritmo, eleva-se acima de seu plano de consciência; e, permanecendo firme em sua afirmação de ser, permite que o pêndulo oscile de volta ao plano inferior sem mudar sua polaridade. Isso é realizado por todos os indivíduos que alcançaram certo grau de domínio de si, quer compreendam ou não a lei. Essas pessoas apenas se recusam a se deixar arrastar pela oscilação e, afirmando de maneira resoluta sua superioridade, permanecem polarizadas no polo positivo. O Mestre, obviamente, alcança um grau muito mais elevado de aprimoramento, porque compreende a lei que está dominando com a ajuda de uma lei superior e, mediante sua vontade, adquire um grau de equilíbrio e firmeza quase impossível de conceber por aqueles que se deixam levar de um lado para outro pelo pêndulo mental da emotividade.

Recorde-se sempre, no entanto, de que o Princípio do Ritmo não pode ser destruído, pois é indestrutível. Só é possível sobrepor-se a uma lei equilibrando-a com outra, mantendo-se assim o equilíbrio. As leis do equilíbrio operam tanto no plano mental quanto no físico, e, ao compreendê-las, o indivíduo tem a impressão de ser capaz de superá-las, quando, na realidade, está meramente contrabalançando-as.

"Nada escapa ao Princípio de Causa e Efeito, mas há muitos planos de causação e é possível empregar as leis do plano superior para dominar as do plano inferior."
O CAIBALION

Compreendendo a prática da polarização, os hermetistas se elevam ao plano superior de causação e, assim, equilibram as leis dos planos inferiores. Ao se elevar acima do plano das causas ordinárias, o indivíduo, em certa medida, torna-se uma causa, em vez de ser um mero efeito. Dominando os próprios sentimentos e estados de ânimo e neutralizando o ritmo, como já explicamos, é possível escapar de grande parte das operações das leis de causa e efeito no plano ordinário. As massas se deixam arrastar, obedecendo ao ambiente que as rodeia, às vontades e aos desejos de alguns homens mais fortes do que elas, aos efeitos das tendências herdadas, às sugestões ou a outras causas externas, que tendem a movê-las como meros peões no tabuleiro de xadrez da vida. Elevando-se acima dessas causas, os hermetistas avançados buscam um plano de ação mental superior e, dominando os próprios estados de ânimo, emoções, impulsos e sentimentos, criam para si novo caráter, qualidades e poderes, por meio dos quais se sobrepõem a seu ambiente ordinário, tornando-se jogadores em vez de meras peças. Esses indivíduos ajudam conscientemente na realização do jogo da vida, ao contrário de deixarem-se levar por influências, forças ou vontades externas. Usam o Princípio de Causa e Efeito em vez de serem dominados por ele. Mesmo os seres mais elevados estão sujeitos a este princípio quando se manifesta nos planos superiores, mas nos planos inferiores de atividade são senhores, e não escravos. Segundo diz *O Caibalion*:

> *"Os sábios servem no plano superior, mas regem no inferior. Obedecem às leis que estão acima deles, mas, no próprio plano e nos que estão abaixo deles, regem e ordenam. No entanto, fazem parte do princípio em vez de opor-se a ele. O sábio se submerge na Lei, e, compreendendo seus movimentos, atua nela em vez de ser seu cego escravo. De maneira semelhante ao bom nadador, vai de um lado a outro segundo a própria vontade, em vez de deixar-se arrastar como o tronco de madeira que flutua na correnteza; tal é o homem sábio em comparação com o homem comum. No entanto, o nadador e o tronco, o sábio e o ignorante, estão todos sujeitos à lei. Aquele que compreender isso vai no bom caminho que conduz à Maestria."*
>
> O CAIBALION

Para concluir, recordemos mais uma vez o axioma hermético que diz: "A verdadeira transmutação hermética é uma arte mental".

Em tal axioma, o hermetista indica que a grande obra de influenciar o ambiente externo é realizada pelo poder da mente. O Universo, que é totalmente mental, só pode ser dominado pela mentalidade. E nessa verdade deve ser encontrada a explicação de todos os fenômenos e manifestações dos diversos poderes mentais que estão atraindo tanta atenção e estudo hoje. Por trás de todos os ensinamentos das várias escolas e religiões, sempre permanece constante o princípio da substancialidade mental do Universo. Se este é mental em sua natureza intrínseca, facilmente se deduz que a transmutação mental deve modificar e transformar as condições e os fenômenos do Universo, e que a mente deve ser o maior poder que afeta seus fenômenos. Se esta verdade for compreendida, todos os chamados "milagres" e "maravilhas" passam a ser vistos apenas como aquilo que são.

"O TODO é mente; o Universo é mental."

O CAIBALION

FIM

SOBRE O AUTOR

Desde o surgimento de *O Caibalion*, em 1908, tem-se especulado muito sobre quem foi ou foram seus autores.

O desejo do anonimato das pessoas que fizeram o livro conhecido vem sendo mantido inalterável, a despeito das muitas teorias que circulam sobre a sua autoria.

Diversas escolas do pensamento, ocultistas e Mestres cobram a si a escrita desses textos, porém ainda seguimos sem a comprovação dessa informação e considerando o grupo anônimo Os Três Iniciados como os autores de *O Caibalion*.